Samuel E. Leresche

Mondschein

edition winterwork

Bibliografische Informationen der Deutschen Nationalbibliothek: Die Deutsche Nationalbibliothek verzeichnet diese Publikation in der Deutschen Nationalbibliografie. Detaillierte bibliografische Daten im Internet über http://www.d-nb.de abrufbar.

Nachdruck oder Vervielfältigung nur mit Genehmigung des Verlages gestattet. Verwendung oder Verbreitung durch unautorisierte Dritte in allen gedruckten, audiovisuellen und akustischen Medien ist untersagt.

Die Text- und Titelrechte, die Rechte der Übersetzung in andere Sprachen und das Recht am Layout des Einbandes verbleiben beim Autor.

Impressum

Samuel E. Leresche, »Mondschein«
www.edition-winterwork.de
© 2018 edition winterwork
Alle Rechte vorbehalten.
Lektorat: Dr. phil. Guido Erol Hesse-Öztanil, Hameln
        Lektorat Unker, Osnabrück
Satz: Samuel E. Leresche
Umschlag und Illustration: Gerhard Kosin, Hameln
Druck und Bindung: winterwork Borsdorf

ISBN Print 978-3-96014-460-1

Samuel E. Leresche

Mondschein

Prosaskizzen und Miniaturen

À Willy Marro, mon ami

Das Pferd

Hier steht es, das alte Pferd. Müde lässt es seinen Kopf hängen, der schwer und schwerer wird. Die Zügel schleifen am Boden, der Sattel ist vom Rücken gerutscht. Hier steht es und sein trauriger Blick sucht seinen Herrn.
Soldat, wo bist du? Dein Pferd sucht dich!
Soldat, wo liegst du? Wo ruhst du für immer? Der Boden ist vom Blut der Menschheit getränkt, Distel und Dornenbusch sprießen; Vater Tod geht über das Feld und holt sich seinen Tribut.
Wo bist du, Soldat? Hier steht dein Kamerad, inmitten allen Elends. Trug er dich nicht durch Tag und Nacht? Schützte er dich nicht vor Sturm und Schnee?
Wo ruhst du, Soldat? Wo ist dein Grab? Weißt du noch, der reißende Fluss damals? Ohne dein Pferd hätte dich das Wasser verschlungen! Erinnerst du dich an den Tag, an dem die Sonne blutrot am Horizont unterging, unterging wie euer Sieg? Ohne deinen Freund wärst du unter den Kugeln des Feindes gefallen! Nur die Schnelligkeit und der Mut deines Pferdes retteten dich vor Gefangenschaft und Pein!
Wo liegst du, Bruder? Wo bist du, Soldat? Siehst du nicht, wie dein treuester Freund in den Beinen einknickt? Siehst du ihn nicht auf der von Kugeln gepflügten Erde liegen? Soldat, sieh her! Da liegt dein Pferd, treu bis in den Tod! Sein Körper hat die Kugel empfangen, die deinem Herzen bestimmt war! Und trotzdem suchte es dich, Soldat! Es wollte dich nach Hause tragen, zu deinen Eltern! Es war alt und hatte nichts mehr zu erwarten – du warst jung und das Leben öffnete sich eben!
Es wollte dich zu deiner jungen Frau bringen, zu deinem Sohn! Soldat, weißt du überhaupt, dass du einen Sohn hast? – Dein Pferd wusste es! Doch jetzt kann es nicht mehr, die Kraft schwindet und mit ihr das Leben. Da liegt ihr beide, Bruder, ein paar Schritte trennen euch. Soldat, was habt ihr gewonnen? Ruhm und Ehre? Wer wird deinem Sohn den Vater ersetzen, Bruder, wer?
Da liegt ihr, unzertrennlich im Leben, unzertrennlich im Tode.
Deine Frau weint, Freund! Soldat, deine Eltern weinen! Ein altes Foto

auf dem Kamin: Pferd und Reiter.
  Was habt ihr gewonnen, Freund, Bruder?
  Der Wind sagt: „Nichts!"
  Die Sterne: „Nichts!"
  Der Mond spricht: „Verloren, Sohn, verloren nur!"

Im Nebel

Dichte Nebelschwaden ziehen an mir vorbei, die Häuser der Stadt sind verschwunden, vom dicken, undurchsichtigen Nebel verschluckt. Es nieselt, die Kälte kriecht unter meine Kleidung und streichelt mich mit eisigen Fingerkuppen.

Ich habe mir den Mantelkragen hochgeschlagen, den Hut tief ins Gesicht gezogen. Wie jeden Tag, wenn ich nachts nicht schlafen kann, laufe ich eine Stunde in den Morgenstunden spazieren. Heute ist mein Ziel die evangelische Kirche St. Johann in der Altstadt.

Seit einigen Tagen hat die Kälte das laue Sommerwetter abgelöst. Viel zu früh nach meinem Geschmack. Der Nebel, die langen, dunklen Nächte, machen mich schwermütig.

Schemenhafte Gestalten tauchen vor mir auf und verschwinden wieder in der zähen, weißen Masse: Es werden wohl Angestellte sein, die an mir vorbeieilen. Unausgeschlafen. Übellaunig. Reizbar.

Eine fast absolute Stille umgibt mich. Wie schön! Ich höre nichts als das ferne Rattern eines Zuges der Schweizerischen Bundesbahnen; aus dem Südwesten kommt es, gedämpft und undeutlich, *tacktack, tacktack* – die Verbindung aus Zürich trifft ein.

Nicht weit unter mir zieht ein Motorschiff rheinaufwärts in die Bodenseeregion. Geisterhaft. Dunkel und dumpf tönt sein Nebelhorn. Tief liegt das Schiff im Wasser. Ganz verschwommen meine ich seine Aufbauten erkennen zu können. Seine Nebelleuchte wirft einen breiten Lichtstrahl auf die trüben Wellen.

Eine Ente quakt plötzlich, dann ist alles wieder still. Schaffhausen erwacht zum Leben. Der Nebel hüllt alles tuchartig ein. Die Scheinwerfer der Autos tasten sich wie Greisenfinger durch die Schwaden. Die Straße dampft. Ich laufe auf den Bürgersteigen dicht an den Hausfassaden. Man weiß nie…

Hinter mir bleibt der Fluss zurück, als ich in die Innenstadt aufsteige. Aus dem Kräutergarten des Münsters riecht es nach den dort angepflanzten alten Gewürzen – oder sind es gar Heilkräuter – in der feuchten, schweren Luft.

Wirklichkeit oder Einbildung?

Ich fühle mich gehalten, kurz den Kreuzgang des ehemaligen Benediktinerklosters *Allerheiligen* zu betreten. Knarrend öffnet sich das schmiedeeiserne Tor unter Protest, gibt mir aber schließlich den Weg zu der altehrwürdigen Abtei frei. Der romanisch-gotische Gang ist der größte der Schweiz. Er umschließt den „Junkerfriedhof", eine alte Beisetzungsstelle für verdiente Bürger der Stadt. Hier, wo ewiger Frieden den Tag regiert, verharrt auch mein Herz einen Augenblick in heiliger Regungslosigkeit.

Ich setze mich auf eine steinerne Fensterbank und; mein Herz wird still. Seelenfrieden. Nur hier fühle ich mich Gott nah. Und nur hier vergesse ich den Kampf meiner Seele. Waffenstillstand. Atempause. Der Nieselregen hat aufgehört. Feucht liegt der Kreuzganggarten vor mir. Braune Stämme der Bäume, an kiesbedeckten Wegen...

Leise tropft es von den grünbelaubten Ästen. Überall hängen Wasserperlen an den Büschen und Sträuchern. Ich schlage meinen Mantelkragen herunter und nehme den Hut ab, atme langsam und tief ein. Meine Lungen füllen sich – wie könnte es an diesem Ort anders sein – mit der reinen, frischen Morgenluft.

Der Dunst weicht vor dem herannahenden Tag. Ich erkenne schon die einzelnen Pflanzen im Garten, ohne ihren Namen nennen zu können. Eine Taube gurrt, einmal, zweimal, dreimal; zwei kleine, beigebraune Mäuse huschen über den Kies. Ich gehe zur Vorhalle am Portal und verlasse die Klosteranlage, die heute ein Museum ist.

Hell tönen die Glocken der evangelischen Kirche. Ein übermüdeter Gendarm radelt an mir vorbei. „Grüezi."

Meine Schuhe sind durchnässt, doch das stört mich nicht. Ein Sonnenstrahl dringt unverhofft durch den immer dünner werdenden Nebel. Überall rings um mich her glitzern große und kleine Wassertropfen, die Sonnenstrahlen spiegeln sich in den unzähligen Pfützen.

Und da sind sie plötzlich, die Bürger dieser Stadt. Lachende, verkniffene, verschlafene und gleichgültige Gesichter. Sie kreuzen meinen Weg, ich weiche ihnen aus, sie weichen mir aus. Ein kurzer Blick, dann eilen sie weiter.

Überall sammelt sich das Wasser zu kleinen Bächen und fließt davon. Die Kühle erscheint mir auf einmal angenehm. Ich friere nicht mehr so stark. Drei freche Spatzen balgen sich vor dem Münster um ein Stück liegengebliebenes Brot. Die Eicheln und Kastanien meiner Jugend fallen mir ein. Ich finde keine auf meinem Weg, die ich aufheben könnte. Keine Bucheckern, deren Kerne ich als Kind zerkaut habe. Sie hatten einen herben Geschmack.

Ich erreiche den Kirchhofplatz. Das Rascheln der Blätter ist mir lieblicher als der Verkehrslärm auf der Bachstrasse, der da kommt und geht.

Ein lauer Wind lebt auf. Er jagt die letzten Nebelreste davon, die sich zwischen den engstehenden Häusern verkrochen haben, vertreibt sie unbarmherzig. In einzelnen Dunstfetzen – was sage ich: in kaum sichtbaren Schnipseln – treiben sie an mir vorbei. Ich blicke empor und sehe über der Kirchturmspitze Himmelsblau. Das ist schön...

Und hie und da eine kleine verirrte weiße Wolke, wie einen verschämten Wattebausch in deiner Hand.

Millionen Wassertropfen sind vor uns geflohen. Und ich sehe neuerlich in deine großen Augen, voll schmerzlichen Verlangens. Mich dürstet nach deinem Herzschlag, aber der fliehende Nebel hat ihn wohl entführt.

Die Beerdigung

Ich stehe an seinem offenen Grab und zähle die Blumen, die auf ihn herabgeregnet sind und nun die Totenkiste bedecken.

Ich fühle mich schrecklich allein, trotz der großen Zahl um mich herumstehender Menschen: Freunde, die ihm die letzte Ehre erweisen. Das Wetter ist niederträchtig; der Wind schneidet eisig in die Haut, bläht die Mäntel. Eine Frau hustet. Mehrmals, trocken. – Ich kenne sie nicht! So, wie mir viele andere, die gekommen sind, nicht vertraut sind: Kollegen, Freunde, Schüler, Bekannte. – Eingeengt zwischen zwei Kommilitonen finden meinen Tränen keinen Weg. Aber ein Tropfen Wasser fällt von meiner Nase auf die Noten der Kirchenlieder, die gesungen werden. Ich höre die Melodien nicht. Ich verstehe die Texte nicht.

Es fühlt sich falsch an, einem Freund das letzte Geleit geben zu müssen! Doch wie groß ist erst die Trauer, wenn man einem Menschen so viel schuldet, wie ich ihm! Durch diesen wunderbaren Mann, der sein Leiden mit unendlichem Mut und Gottesvertrauen trug, hat sich mein Leben geändert.

Neben mir fährt sich der Kinderarzt unserer Klinik hastig mit dem Taschentuch über die Augen; nie zuvor habe ich ihn weinen gesehen!

So viele Menschen sind gekommen. Die Friedhofskapelle von Bretonnières kann sie nicht fassen. Den Hut in der Hand, den Kopf gesenkt, so stehen wir da. Es ist still, so still... In mir.

Ich schaue zu der Witwe hinüber, und der Schmerz in ihrem Gesicht rührt mein Herz!

Was bedeuten Worte? Wie kann ich ihr sagen, dass ich ihren Schmerz teile? – Verlor sie einen Teil ihrer selbst, wurde mir nicht ein Glaubensmentor genommen, in seinen besten Jahren dahingerafft?

Nie habe ich in den Monaten seiner Pein einen Schmerzensruf vernommen, nie ein Wehklagen gehört, nie einen Verzweiflungsschrei. Bis der Allmächtige ihn zu sich rief.

Er wollte kein Mitleid. Er sei kein Held, hat er mehrmals gesagt. Seine schwere Krankheit diene ihm vielmehr, den anderen glaubhaft zuzurufen: „Lasst den Kopf nicht hängen! Kämpft! Gott ist gut!"

Ich bin gefangen in einem nicht enden wollenden Trauerzug. Still gehen wir an den Familienangehörigen vorbei, einer hinter dem anderen. Manche halten sich an der Hand. Ich habe niemanden, an dem ich mich festhalten könnte. Als letztes steht da Françoise, die beiden kleinen Kinder links und rechts neben sich.
Ich schlucke.
Da sind sie, die Tränen. Endlich.
Nur Wortlosigkeit.
Ich nicke ihr kummervoll zu und sie antwortet mir auf die gleiche Weise.
Sie hat verstanden!

In Gedenken an Berthold Conod

Der Mensch ist verrückt geworden

Schon seit Stunden sitzt der Alte am offenen Fenster und sieht mit schüttelndem Kopf dem wilden Treiben in der Straße zu.

Zwischen Demonstranten und Polizeieinheiten ist es am frühen Abend zu wüsten Schlägereien gekommen. Rund sechshundert Demonstranten, Halbwüchsige und Jugendliche, haben im Stadtzentrum Autos umgestoßen und in Brand gesetzt. Farbbeutel sind gegen ein Bankgebäude geschleudert worden. Benzingetränkte Lumpen und Molotowcocktails fliegen durch die Luft. Zwei mit Stofffetzen Maskierte leeren Benzinkanister auf die Straße. Ein Streichholz wird angerissen, – schon steht eine Flammenwand zwischen den Parteien. Aber vielleicht ist das Feuer auch mit einem Feuerzeug entflammt worden, niemand weiß das im Nachhinein mehr so recht. Es sei eine legale Protestdemonstration gegen das in New York stattfindende Weltwirtschaftsforum mit dreitausend Politikern und Wirtschaftsführern, sagen sie. Sie sagen es nicht in einem vernünftigen Ton, nein, sie schreien es voller Wut und Hass heraus, schleudern ihr vermeintliches Recht der Staatsgewalt entgegen. Die Worte unterstreichen sie nachdrücklich mit Taten.

Und die andere Seite? Die Diener einer irregeleiteten Obrigkeit? Die Polizei setzt Wasserwerfer und Tränengas ein. Sie antwortet mit Gummigeschossen, quer durch die Feuersbrunst. Mit Kunststoffschildern schützen sich die Beamten vor Pflastersteinen, die von den Demonstranten geworfen werden. Große, gehauene Steine, wie sie früher für den Straßenbau verwendet wurden. Die Polizisten tragen dicke Schutzanzüge und Helme auf dem Kopf. Aber nicht, um sich zu vermummen, wie die Demonstranten, sondern um sich zu schützen. Furcht geht durch ihre Reihen und mustert die Kleinmütigen unter ihnen.

Wildes Schreien klettert die Häuserwände empor und begehrt Zutritt zu den Wohnungen der verstörten Züricher Einheimischen. Wer schreit so feindselig? Doch wohl nur die Demonstranten, denn die Polizeibeamten sind sehr diszipliniert. Sie schreien und brüllen nicht. Sie warten, deeskalieren und handeln.

Außerdem schreit nur, wer keine Argumente mehr hat. Die Polizei hat immer Argumente, schon von Amts wegen.

Der Alte sieht, wie sich ein Beamter ein wenig nach vorne wagt. Plötzlich wird er von einem mit Brennstoff gefüllten Plastikbeutel in die Beine getroffen. Das Gemisch tränkt seine Hose; sie geht in Flammen auf. Schreiend wälzt sich der Polizist am Boden. Gummiknüppel und Schild hat er verloren. Ein Kollege eilt mit einem Feuerlöscher zu Hilfe und erstickt die Flammen. Laut stöhnend rappelt sich der Beamte auf und humpelt, gestützt von zwei Uniformierten, aus der Gefahrenzone. Verbrennungsschmerzen sind schier unerträglich.

„Was gibt es da draußen zu sehen, Vater?"

Der Alte dreht sich um und sieht seine Frau in der Tür stehen.

„Ach nichts", brummt er und schließt das Fenster. „Der Mensch ist total verrückt geworden, Mutter!"

Die Taube

Ihr Menschen, die ihr müde in den Zügen sitzt: Habt ihr sie gesehen? Euer Blick, der gelangweilt aus den beschlagenen Fenstern fällt: Hat er den kleinen Leichnam erblickt?

Vor wenigen Minuten flatterte sie noch durch die Luft – ein Vogel des Friedens, ein Bote der Liebe. Jetzt liegt sie auf den Schienen des Bahndamms, den starren Blick verzweifelt ins Unendliche gerichtet.

Der eine Flügel ist gebrochen und liegt quer über dem kalten Stahlband, unter ihrem Körper der andere, als habe er sie zum letzten Mal sanft lagern wollen.

Was hat sie euch getan, dass ihr sie mit dem Tode bedacht habt?

Ich frage euch: War es nicht die Taube, die Noah das Olivenblatt brachte? War sie nicht das Symbol der Sanftheit, den Lorbeerzweig im Schnabel?

Seht her, ihr alle, die ihr gefühllos an ihr vorbeifahrt, seht her!

Hier auf dunklem Schotter ruht sie, ist sie gebettet für ihren letzten Schlaf. Der Wind bläst in ihr Gefieder, als wolle er ihr die entschwundene Seele wiedergeben. Der sanfte Flaum auf der kleinen Brust ist von ihrem Blut durchtränkt. Weiß und Rot haben sich miteinander vermischt! Friede und Krieg sind ineinander verflossen!

Seht ihr die Träne, die in ihrem Auge steht? Der Blick mag gebrochen sein, aber die Träne spiegelt die unaussprechliche Enttäuschung der Seele wider, ihren Zusammenbruch über alle eure Ungerührtheit, den Undank und die Oberflächlichkeit die ihr ihrem Tod schenkt. Nie mehr wird man ihr Girren mit der schluchzenden Klage eines Kindes vergleichen können, nie mehr!

Nie!

Seht ihr die Krallen, die den Friedenszweig von West nach Ost tragen wollten? Seht ihr die Flügel, für die es keine Mauern und Stacheldrähte gab?

Symbol des Heiligen Geistes. Opfertier Abrahams. – Da liegt sie, dargebracht – doch ihre Hingabe scheint vergeblich.

Hat sie euch wirklich so sehr beunruhigt? Habt ihr sie so sehr verabscheut? Ich frage euch: Was hat dieses Tier euch getan?

Ist da keiner unter euch, der den Vogel aufnehmen und ihm ein Grab ausheben würde? Ist da keiner, der ihm die letzte Ehre erwiese?
Ihr tretet zurück, geht, flieht!
Ja, geht hin im Regen eurer Tage, lauft weg im Nebel der Zeit. Den Verlust vermögt ihr nicht zu schätzen.
Oh Torheit! Oh Eitelkeit!
Der Frieden ging; zurück bleibt schwarze Leere, die sich mit eurer Selbstsucht und eurer Gleichgültigkeit füllt.

Regenfahrt mit meinem Rad

Ich sitze auf meinem Fahrrad und schimpfe über den ersten Gang, der nicht funktionieren will. Heute geht aber auch alles schief: Gegenwind, Schaltschwierigkeiten, und jetzt setzt auch noch ein heftiger Gebirgsregen ein. Die baumbewachsenen Berge rechts und links von mir verschwinden hinter den Regenwolken, als hätte man eine Gardine vor die Natur gezogen, um sie vor den neugierigen Blicken Durchreisender zu verstecken. Je höher ich mit dem Rad komme, umso kühler wird es und ich verwünsche meine Unvorsichtigkeit, ohne Unterhemd und dickere Jacke abgefahren zu sein. Ich habe meine grüne Windjacke angezogen, die anscheinend wasserdurchlässig ist.

Mühsam ziehe ich das Fahrrad die Hänge hoch, müde liege ich in den Pedalen, will jedoch nicht schlappmachen. Meine nassen Turnschuhe rutschen immer und immer wieder ab, und meine Beine sind auf einmal wie aus Blei. Ich komme mir vor wie ein Elefant auf einem Dreirad. Links donnern zwei Züge an mir vorbei, vollgestopft mit Menschen, die das schöne Wetter suchen. Der nasse Asphalt unter mir glänzt und spiegelt meine nackten Beine wider, die in gleichem Rhythmus auf- und niederstampfen, obwohl sie mit jedem Tritt verkrampfter werden. Der Regen peitscht mir ins Gesicht und der Wind drückt mir ständig den Schirm meiner Mütze über das linke Auge. Fast blind versuche ich am Randstein zu bleiben, ohne vom Wind über ihn hinweggedrückt zu werden.

Langsam geht der Regen in Niesel über und lässt so die Silhouetten nasser Bäume sichtbar werden, deren Blätter schlaff und feucht an den glitschigen Ästen hängen. Auf den Grasspitzen der Wiesen sammeln sich Wassertropfen. Vor mir bricht jetzt die Sonne einen Augenblick durch die Wolkendecke und verschwindet sofort wieder im Regenschleier. Rechts vor mir taucht endlich das Ortsschild der Stadt auf, in die ich will: *Vallorbe*. Mit mehr Willen als Kraft erreiche ich mein Ziel. Ich beschließe, langsam durch den Ort zu fahren. Vielleicht sehe ich ja Isabelle.

Der kleine Vogel

Sieh, dort auf dem Ast der grünen Tanne: Siehst du den kleinen Vogel? Fröhlich pfeift er sein Lied, erfreut sich seines Lebens. *Trallala, trallala.* Aus voller Brust schmettert er seine Hymne auf die unberührte Natur, zwitschert unbesorgt den Refrain des Stückes, das die Bäume ihm rauschen.

Trallala, trallala.

Siehst du den kleinen Vogel, du von Menschen Geborener? Sieh ihn an und lerne von ihm! Schau, wie er sich emporschwingt, hinauf in den blauen Himmel, hinauf zu den Wolken, die ihn ihren *Freund* nennen. Dort fliegt er unbefangen, tanzt Reigen mit den Sonnenstrahlen, hascht nach Mücken und Fliegen. Frau Sonne sieht wohlwollend auf ihr Findelkind herab, lacht über das ganze Gesicht:

Auf der Erde wird es Tag.

Der kleine Vogel klettert höher, grüßt zwei vorbeiziehende Winde und badet sich in einer Regenwolke. Er plantscht und spritzt, zupft hier an einer Feder, streicht da den Flaum auf seiner Brust glatt, zahlt mit einem Lied und schwingt sich wieder in die Lüfte, die ihn liebend empfangen wie eine Mutter ihr Kind.

Trallala, trallala.

Siehst du ihn, Mensch? Dort lacht und lobt er seinen Schöpfer, nimmt schließlich Abschied und kehrt auf die Erde zurück, lässt sich auf einer Fichte nieder und schon bald erklingt das Liedchen, das allen Freunden, Brüdern und Schwestern den Abend kündigt.

Trallala, trallala. Und immer leiser werdend: *Trallala, trallala.*

Hörst auch du ihn, Sterblicher? Von diesem kleinen Vogel lerne! – Dort schläft er nun, den Kopf unter dem Flügel gebettet. Er nimmt jeden Tag, wie er kommt, voller Lebenslust; Kümmernisse kennt er nicht. Warum machst du dir so viele Gedanken, oh du, meine Seele?

Papillon de nuit

Quand tu étais petite, notre vieux jardinier t'appelait tendrement « papillon de nuit ». Tu étais fragile, un peu faible, et tous nous crûmes que tu allais nous quitter au moindre petit refroidissement !
Or, tu as grandi, malgré toutes les menaces de cette vie. À notre grande joie et soulagement, tu n'as cessé de prospérer, luttant fermement contre toute agression que nous n'avions pu t'épargner ! Tu es devenue belle, si belle que les visites qui passent dans mon modeste studio m'envient et me disent : « Quelle chance tu as, elle est vraiment superbe ! » – Oh, je le sais très bien ! Et je ne te donnerais à personne, sous aucun prétexte ! Ni tout l'or du monde, ni la puissance la plus menaçante ne changeraient mon amour pour toi !
Chaque matin, quand je me lève, je te regarde d'un œil tendre et inquiet à la fois : as-tu passé une bonne nuit ? Depuis que nous vivons ensemble, je dors la fenêtre fermée, de peur qu'un coup de froid ne te fasse périr ! Je t'ai réservé la plus belle place dans ma chambre, ô mon amour !
Au début, tu siégeais sur mon bureau : mes livres, mes stylos, même la photo de mon chien devaient te céder la place ! Je n'osais plus écrire à la machine, j'avais trop peur que les ébranlements qui s'ensuivent ne te bouleversent. Plus tard, je t'ai construit une table sur laquelle ta place a été réservée parmi tes petites sœurs qui, elles, sont bien moins belles que toi, ma reine, petit papillon de nuit !
Je ne puis plus partir en vacances, qui prendrait soin de toi ? Chaque jour, tu demandes une attention particulière… un peu plus de lumière, un peu d'eau, de l'engrais ou encore de la vapeur tiède.
Oui, tu es difficile et même un peu prétentieuse, ton nom fait rêver… Mais puis-je te le dire ? Je t'aime, toi, papillon de nuit, mon orchidée !

Dein Gesicht

Wir sind jung. Ich bin sechzehn, du bist vierzehn. Was für ein wunderschönes Alter! Und gleichzeitig schrecklich qualvoll. Jedes Mal, wenn ich dich sehe, habe ich Schmetterlinge im Bauch, und gleichzeitig schmerzt mein Herz.

Nicht nur ich, alle Menschen wissen es: Du bist schön! Man vergleicht dich schon mit einer deutschen Schauspielerin, die in „Tess" zu Ruhm und Ehre kam, man tuschelt hinter vorgehaltener Hand über deine Figur. Als du klein warst, da warst du nichts Besonderes, sagt man. Jetzt machst du dich, sagt man. Die Entwicklung vom hässlichen Entlein zum schönen Schwan. Man spricht davon, dass du dich zu kleiden weißt, dass du gut erzogen seist. Der Stolz der Familie, fleißig, graziös, ruhig, freundlich, hilfsbereit. Das sagt man von dir.

Jedoch: Das ist mir alles gleichgültig. Was mir an dir gefällt, das ist dein Gesicht. Blonde Haare fließen dir bis über die Schulterblätter auf den Rücken, rahmen das schmale, auf mich so anziehende Gesicht ein. Ich könnte stundenlang dasitzen, nichts tun, nur dich ansehen. Deine rehbraunen Augen, von schmalen Brauen überzogen, die so sanft lächeln können, deine Nase, deren Flügel leicht zu zittern beginnen, wenn du aufgeregt bist. Dein Mund, der so verführerisch lacht, deine schneeweißen Zähne, die in der Sonne blitzen. Ich liebe die Lachgrübchen, die sich in deine Mundwinkel eingegraben haben. Ich liebe deinen pfirsichfarbenen Teint, deine gesunde Gesichtsfarbe, die kein Make-up braucht, deine roten Wangen!

Es tut mir weh, wenn sich dein Mund schmollend verzieht, zwischen deinen Augenbrauen die steile Unmutsfalte steht. Dann würde ich dir gerne die Tränen von den Wangen küssen; sie würden salzig schmecken von Bitterkeit. Ich würde dich ganz fest an meine Brust drücken, und du würdest wieder lachen. Das würde klingen, als würde ein Gebirgsbach sprudeln und perlen.

Das alles weiß dein Vater natürlich nicht, der mit einem Buch in Hörweite in seinem Lieblingssessel sitzt.

Aber du, Isabelle – habe ich dir dies alle schon einmal gesagt? Für mich gibt es nichts Schöneres auf Erden, als dein Gesicht!

L'artiste malade

Ayant étudié un peu la vie de quelques compositeurs (Tchaïkovski, Rachmaninov, Fauré, Beethoven), poètes et écrivains (Saint-Pol Roux, Rimbaud), j'ai dû constater avec étonnement que le nombre d'artistes malades est considérable. Soit touchés par une maladie physique, soit atteints par une affection psychique, ces musiciens et poètes écrivent et composent pourtant de grandes œuvres !

J'aurais presque envie de dire : il faut être malade pour créer quelque chose de grand, de génial !

En 1983, je pense, j'avais le désir de présenter aux chers lecteurs de « La Loupiotte », petit mensuel de l'hôpital de Saint-Loup, un poète inconnu, en fait une jeune femme qui n'est plus parmi nous depuis longtemps et qui a été touchée pendant bien des années par le narcissisme (maladie psychique se traduisant par un amour morbide de sa propre personne). C'est pour ces raisons et par respect pour sa famille que j'avais gardé son identité secrète à l'époque, et d'ailleurs je l'ai oubliée depuis. Mais quelques vers d'un de ses poèmes, empreints de sa maladie, me viennent encore à l'esprit :

> Il n'a guère le temps d'écouter
> Il va vers d'autres horizons
> À toute vitesse les yeux rivés
> Sur ce ruban de blanc béton

Le poème s'appelle « Le motard » et se compose de cinq strophes. Le personnage principal se sent anormalement libre, non affecté par ce que les autres lui disent, invincible, sans peur dans toutes les situations de sa vie. Il a une presque parfaite maîtrise de soi. – Sa seule amie est la moto.

Il est certainement beau à lire, ce poème (je sens littéralement vibrer et hurler le moteur de cette machine puissante, née dans l'imagination de la poète), mais cherchez un peu plus loin… car en chacun de nous sommeille le narcissisme, sans qu'il puisse pour autant dépasser les barrières qui lui sont imposées par le Créateur.

Soyez rassuré : je préfère rester très modeste, très inconnu et insignifiant en dépit de mes livres. Et en bonne santé mentale.
À propos : ma mère ne s'appelle pas Céphise, mais Mirjam Aimée…

Maladie et art

Une question me travaille depuis un certain temps, question que je désire vous poser aujourd'hui !
Peut-on séparer maladie et art ? Par cela, je veux dire : est-ce que seules les personnes en bonne santé peuvent créer de l'art ? Ou, en d'autres termes : faut-il souffrir pour créer de l'art ?
« Où veut-il en venir ? » allez-vous demander...
Je vous répondrai ceci : chaque maladie physique aussi bien que psychique a quelque chose de choquant pour nous. C'est un fait. Je pense surtout aux affections sur le plan psychique ou psychologique ! Encore souvent, un malade « psychique ou psychologique », suivi par un psychiatre ou non, est poussé aux bords de la société, regardé d'un air méfiant ! Pourquoi ? Nous fait-il peur ?
Rassurez-vous, je ne veux nullement faire un grand discours ou encore moraliser...
Mais dès qu'un de ces malades crée une œuvre étrange (pensons à Salvador Dalí) et en même temps touchante (pensons à Vincent Van Gogh), il est vénéré à toujours.
C'est un peu comme si nous regardions dans un miroir : « Salut, mec, t'es qui, toi ? »
Ma conclusion est donc : souvent l'inspiration est née dans la souffrance.

Die alte Mär vom Osterhasen

Wenn ich zurück an meine Kindheit denke, fällt mir eine lustige Begebenheit ein. Man hatte uns immer wieder weißgemacht, dass es die Zahnfee, den Weihnachtsmann oder den Osterhasen gäbe. Um das recht glaubhaft zu gestalten, hetzte man uns diese Fabelwesen wiederholt, Jahr für Jahr, auf den Hals. Nur: Wenn der Nikolaus oder eine ähnliche Person im Haus war, glänzte einer unserer Familienangehörigen immer durch Abwesenheit. War dann der Weihnachtsmann (oder wer sonst an der Reihe war), gegangen, kam Minuten später der Vater, der Onkel oder die Mutter wieder herein und ärgerten sich sehr, dass sie den guten Geist nicht gesehen hatten.

Auch im Jahr 1967 war das so. Doch fangen wir von vorne an. Wie üblich wachten wir gegen acht Uhr morgens auf. Sonntag. Die Sonne kitzelte mich an der Nase und mich hielt nichts mehr im Bett, wo es doch Ostern war. Jedes Jahr lieferte uns ein Osterhase, ein dicker, kleiner Mümmelmann, die bunten Eier direkt ins Haus. An diesem Morgen versammelte sich die ganze Familie um den Frühstückstisch. Meine Brüder und ich verschlangen die Mahlzeit hastig. Nur unser Vater spannte uns auf die Folter. Langsam genoss er ganze drei Brötchen, schlürfte genießerisch zwei Tassen Kaffee und las dazu die Tageszeitung vom gestrigen Tag. Aber schließlich erhob er sich und begab sich auf (oder zu) einem gewissen Ort. Ganze zehn Minuten später klopfte es an der Eingangstür und Mutter ging öffnen. Herein hoppelte der alljährliche, uns bereits bekannte Osterhase.

Dann ging alles sehr schnell: Ein Stuhlbein war im Weg und das Osterhäschen schlug lang in die frischgeschrubbte Küche. Die schönen Eier zerbarsten auf dem Steinfliesenboden. Da fing das Häschen aber gar ungebührend an zu wettern – und an der Stimme, an diesem Organ, erkannten wir nur zu gut unser holdes Väterlein.

So bekamen wir heraus, was es mit Osterhasen und Co. auf sich hat. Lügen hoppeln auf kurzen Beinen!

Das Gesicht

Lange Zeit zog ich ziellos kreuz und quer durch die Länder, durch Wüsten, die seit Jahren keinen Regen mehr gesehen haben, über Berge, deren Gipfel so hoch waren, dass zu erklimmen sie ich nicht hoffen durfte; ich streifte über Heiden und durch Wälder, labte mich an steinernen Brunnen und aß von den Früchten der Sträucher und Bäume, schlief glücklich und froh unter Gottes Himmelszelt. Regnete es, so boten mir Scheunen Schutz, schien die Sonne, so legte ich mich in den Schatten eines Felsens. Täglich pries ich den Schöpfer dieser schönen Welt; unbekümmert, so war mein Schritt.

Doch als ich heute auf eine Lichtung trat, wurde mir auf einmal bewusst, dass mir etwas zum vollkommen Glück fehlte. Die Sonnenstrahlen brachen sich im Geäst der grünen Laubbäume, in deren Kronen Vögel zwitscherten, und das ferne Plätschern eines kleinen Baches lud mich zum Rasten ein. Wie gut tat das kühle Wasser meinen wehen Füßen. Lachend schaute ich einem Frosch zu, der von Stein zu Stein hüpfte.

Als ich mich über das Wasser beugte und meine Wangen benetzen wollte, sah ich ein Gesicht! Nicht meines war's. Blonde Haare, wirr zerzaust, ein Lächeln auf den Lippen, wunderbare große braungrüne Augen. Schnell wollte ich es zart berühren, doch meine Finger konnten das liebliche Antlitz nicht tasten; es verschwamm immer mehr, bis es schließlich ganz verschwand.

Erstaunt richtete ich mich auf und sah mich um. Aber nur ein Reh zupfte still an ein paar Halmen.

Da stand ich, rief und suchte, doch ich fand das Mädchen nicht.

Die alte Dame

Vor vielen Jahren bin ich in einem Altenheim in Romainmôtier, einem kleinen waadtländischen, sehr intimen Ort (in manchen Touristenführern überheblich – und meiner Meinung nach fälschlich – als *Kleinstadt* beschrieben) einer alten Dame begegnet, die es in den Wirren des letzten Großen Krieges aus dem ostpreußischen Raum über viele Umwege in die französische Schweiz verschlagen hatte.

Ich weiß nicht mehr, warum ich ein so langes Gespräch mit ihr geführt habe; eigentlich war ich, wenn ich mich recht entsinne, nur in diese Einrichtung gegangen, weil man mir mitgeteilt hatte, dass dort ein ehemaliger Bekannter als Direktor tätig war.

Irgendwie bin ich in ihrem, zugegebenermaßen sehr schönen, Zimmer gelandet. Der Raum erwies sich als großzügig. Ich schätzte ihn damals auf ungefähr fünfzehn Quadratmeter. Mit einem Waschbecken und einer modernen Mischarmatur.

Sie saß in einem großgeblümten Lehnsessel, links hinter dem Bett (von der Zimmertür aus gesehen), neben dem Heizkörper, mit einem wunderschönen Blick aus ihrem Fenster auf die sanften, waldigen Hänge des Jura-Ausläufers. Hätte sie auf meinem Stuhl gesessen, den sie mir anbot und der ihr genau gegenüberstand, neben dem ungefähr sechzig mal dreißig Zentimeter großen Tisch, auf dem Zeitschriften, das gerahmte Bild von zwei kleinen Kindern (in Farbe), einem begonnenen Kreuzworträtsel (mit Bleistift und Radiergummi) sowie einem Platzdeckchen (mit Wildschweinmotiv), einem Messer, einer Gabel, einem Suppen- und einem Kaffeelöffel standen beziehungsweise lagen… Alles sauber, alles ordentlich. Hätte sie auf eben dem Stuhl gesessen, was sie zweifelsohne zu jeder Mahlzeit tat, dann hätte sie nicht auf die Waldhänge des Schweizer Juras geblickt, sondern auf die grünen Wiesen des westlichen Talendes, die nur wenig Baumbestand aufweisen.

Nach den üblichen einleitenden Fragen in einem Gespräch: „Was machen Sie hier in Romainmôtier?", „Ist Ihre Gattin auch hier?", „Wie ist doch gleich noch einmal Ihr Name?" (und so weiter) begann die alte Dame von sich zu erzählen.

Anfänglich war ich nur aus Höflichkeit zu ihr gegangen. Jetzt fällt es mir wieder ein: Eine Krankenschwester hatte mich informiert, dass mein Bekannter schon seit etlichen Jahren nicht mehr in der Einrichtung tätig sei … aber, wenn ich schon einmal da wäre: Da gäbe es eine sehr einsame alte Dame, die sich über einen Besuch sehr, sehr (sie betonte das zweite *sehr* überdeutlich) freuen würde.

Ich muss dazu sagen, dass ich nach meiner Ankunft in Romainmôtier zuerst einmal das ehemalige Benediktinerkloster (heute Stiftskirche) besuchen wollte, bevor ich mich in ein Haus des Leidens, des Sterbens – eben in das Altenheim – begeben würde. Vielleicht musste ich in diesem ehrwürdigen Gotteshaus erst einmal Kraft und Mut für den Besuch in der Endstation des menschlichen Seins suchen.

Unter den Kuppeln der romanischen Architektur dieses beeindruckenden Bauwerks begegnete ich jedoch ganz unverhofft Geheimnissen des christlichen Glaubens. Eine gewisse Befangenheit nahm von mir Besitz. Eben mit diesem Gefühl, an einem ganz besonderen Ort gewesen zu sein, hatte ich das Altenheim schließlich mutig betreten … und dem Besuch bei der alten Dame zugestimmt.

Da saß sie mir nun gegenüber; ihre weißen Haare, die in einem großen, eng geflochtenen, erstaunlich dicken Zopf über der linken Schulter lagen, badeten im Licht der untergehenden Sonne. Die knochigen Hände hielt sie – wie zu einem Gebet gefaltet – in ihrem Schoß. Über ihre Knie hatte das Pflegepersonal eine kleine rotgrün karierte Wolldecke gelegt. So saß sie ganz aufrecht in ihrem Sessel, die pantoffelbestückten Füße flach nebeneinander auf den Teppichboden gestellt. Diese Sitzhaltung schien ihr bekömmlich. Und so fing sie an, mir von ihrem Leben zu erzählen.

Sie war in Ostpreußen, über viele Jahrhunderte ein Teil Deutschlands, 1915 geboren. Ihr Vater, ein Händler in einem kleinen Ort bei Königsberg, starb früh. Die Mutter führte den Laden alleine weiter, zog gleichzeitig drei Kinder groß, von denen das jüngste in frühen Jahren an Lungenentzündung starb, und übergab ihrer ältesten Tochter 1940 die Leitung des kleinen Familienbetriebes. Im Februar 1941 heiratete die junge Frau einen Schreiner aus dem Nachbardorf. Zwei Monate nach der Hochzeit starb die Mutter und wurde im Grab des Vaters beigesetzt. Die junge Ehefrau gebar ihrem Gatten in vierundzwanzig Monaten zwei gesunde Töchter, bevor dieser im April 1943 zur Front eingezogen wurde.

Sie sah ihn nie wieder. „Ich weiß nicht, Monsieur", sagte sie mir mit klarer Stimme und sah mir dabei fest in die Augen, „ob er gefallen ist oder in ein Gefangenenlager der Russen kam oder einfach bei einer anderen Frau geblieben ist." Als ich sie zweifelnd ansah, versicherte sie mir: „Doch, so etwas soll vorgekommen sein!"

1944 stand die Rote Armee an der deutschen Ostgrenze; ein halbes Jahr später flohen weit über eine Million Menschen in Richtung Westen, auch die junge Mutter mit ihren beiden kleinen Töchtern. Sie ließ jeden Besitz zurück. Die Gräber ihrer Eltern, ihre ganze bisherige Existenz. Ihr Leben.

Als die Sowjetarmee Ostpreußen überrannte, entkam die junge Frau auf ihrer Flucht mehrfach nur knapp Vergewaltigungen durch marodierende russische und polnische Soldaten.

Wie durch ein Wunder schaffte es die Mutter mit ihren beiden Töchtern quer durch das zusammenbrechende Nazi-Deutschland bis in die Nähe von Freiburg, in die französische Besatzungszone.

1955 holten sie entfernte Verwandte nach Vallorbe, in den Kanton Waadt.

Sie erzählte mir, dass sie ihr ganzen Leben hart gearbeitet habe. Sie wollte, dass es ihren Töchtern einmal besser ginge, als ihr. Und sie war stolz auf ihre Kinder, das sah man ihr an.

Einen neuen Lebenspartner habe sie nie gesucht. „Ich hatte doch gar keine Zeit dafür", sagte sie mir und lächelte verschmitzt. „Ich musste doch arbeiten und mich um die Mädels kümmern." Ihre Stimme wurde leiser: „Außerdem wusste ich doch gar nicht, ob Gerhard noch lebt oder ob er gestorben ist." Gerhard war anscheinend ihr Mann. „Stellen Sie sich einmal vor, Monsieur, ich heirate einen anderen und Gerhard steht plötzlich vor der Tür... Nein, nein, es ist gut, wie es gekommen ist. Mein Mann und ich hatten wenige, aber gute Jahre." Sie lächelte mich wieder an und alle Falten in diesem schönen, alten und ausdrucksvollen Gesicht, lächelten mit. „So hatten wir wenigstens keine Zeit, uns auseinanderzuleben, wie man es in der heutigen Zeit leider so oft sieht!"

„Leben Ihre Töchter hier in der Nähe?", wagte ich zu fragen.

„Wo denken Sie hin, junger Mann", erwiderte die alte Dame stolz. „Die Älteste ist in Schweden verheiratet. Sie kommt mich mit der Familie so oft wie nur möglich besuchen." Und fast, wie zu sich selbst: „Aber mehr als einmal im Jahr sehe ich sie nicht mehr. Für ein paar Tage." Sie holte tief Luft. „Meine andere Tochter ist in Lausanne verheiratet. Ihr Mann ist Nervenarzt. Sie führen eine große Praxis. Sie haben nicht viel Zeit, weil sie so viel arbeiten müssen."

Sie schaute abrupt auf ihre kleine goldene Armbanduhr am linken Handgelenk, über das sich ihre pergamentdünne Haut spannte. „Das Abendessen kommt gleich, Monsieur. Es war schön, mit Ihnen gesprochen zu haben. Danke für Ihren Besuch!"

Ich erhob mich, stellte den Stuhl ordentlich unter den Tisch und gab ihr die Hand. Ich hatte das Bedürfnis, einen Diener vor ihr zu machen, so wie man es mir, als ich heranwuchs, beigebracht hatte. Ich dienerte. Zum ersten Mal nach gefühlten vierzig Jahren.

Ich war schon fast an der Tür, da rief mich die alte Dame noch einmal zurück. „Eines muss ich Ihnen noch unbedingt sagen, Monsieur: Ich bin Gott dankbar für das Leben, das Er mir geschenkt hat!"

Ich spürte einen dicken Kloß im Hals. Hier sitzt die letzte Zeugin für wahre, christliche Demut, dachte ich bei mir. Und ich flüchtete mich in meine gewohnte Welt der Schnelllebigkeit und der Ichbezogenheit.

Zurück blieb eine alte Dame.

Pause im Büro

Eine Pause ist von der Definition her die zeitlich begrenzte Unterbrechung einer Tätigkeit, die der Erholung dienen soll. In meinem Arbeitsvertrag ist diese Arbeitsunterbrechung mit einer Zeit von dreißig Minuten geregelt. Sie soll der Erholung und für Mahlzeiten dienen. In dieser Zeit darf ich frei entscheiden, wo ich mich aufhalte; arbeiten muss ich in dieser Zeit nicht.

Meistens habe ich die Zeit für eine Pause nicht. Das heißt, ich nehme sie mir nicht. Anders als Kollegen, die das Büro verlassen und eine halbe Stunde lang spazieren gehen, esse und trinke ich meistens, während ich gleichzeitig E-Mails lese oder die Wiedervorlage sortiere. Ab und zu drehe ich meine Computertastatur um und schüttle sie aus. Die Krümel wische ich dann vom Tisch und werfe sie in den Papierkorb.

Heute ist alles anders. Seit einigen Minuten ist die wohlverdiente und langersehnte Pause angebrochen. Jawohl, langersehnt. Aber mir fehlt jeder Appetit. Ich sitze auf meinem Bürostuhl, dessen Rückenlehne ich ein wenig nach hinten geklappt habe und löffle lustlos ein Blaubeerjoghurt aus dem Plastikbecher. Die verdickte Milch ist lauwarm, die Früchte schmecken fad. Ich habe seit gestern Abend nichts mehr gegessen, verspüre jedoch keinen Hunger, sondern nur Durst. Einen Durst, der die Kehle austrocknet wie Kamsin, der heiße und trockene Wüstenwind in Israel. Er beeinflusst mein Denken, meine Arbeitsleistung ist deutlich vermindert. Ein Durst, der mich schwindlig werden lässt.

Die Sonne brennt unerbittlich durch die zwei Fenster meines Büros; dieser Raum, der sonst so kühl ist, gleicht heute einem Brutkasten. Meine Bürotür ist nicht verschlossen, aber auch im Flur steht die Luft. Ich habe einen Ventilator auf den niedrigen Aktenschrank gestellt. Gewiss erweckt er den Eindruck, etwas Erleichterung, etwas Kühle zu verschaffen, reicht jedoch bei weitem nicht aus, um die Hitze aus der Amtsstube zu vertreiben.

Die Bundfaltenhose und das weiße Oberhemd kleben am Körper. Sie fühlen sich feucht an. Sie scheuern unangenehm auf der Haut. Mein Haar hängt feucht und wirr im Gesicht, und der Gedanke an ein

Hitzefrei drängt sich mir auf. Ich träume von schönen kühlen Wassern, während ich den Joghurtbecher leere. Unter der Schädeldecke dröhnt das Blut, hinter meinem rechten Auge breitet sich der bekannte migräneartige Kopfschmerz aus; ausgehend vom Sehnerv folgt er den Blutgefäßen hinter der Augenbraue. Ich werfe einen Blick auf die drei Papierstapel links neben mir und habe doch nicht den Mut, weiterzumachen. Ich frage mich einen Augenblick, ob die funkgesteuerte Uhr überhaupt richtig geht, oder ob die Batterie wieder leer ist. Warum rückt der große Zeiger nur so langsam vorwärts? Warum machen die Putzmaschinen der Reinigungskräfte heute nur wieder so einen schrecklichen Lärm? Der ganze Gebäudekomplex gleicht einem Bienenstock, in den jemand hineingestochen hat. Die Menschen, die ich seit heute früh gesehen habe, sind gereizt und müde. Nur der Haustechniker, der überwiegend in seiner Werkstatt im Keller arbeitet, beschwert sich nicht. Dort unten herrscht eine angenehme Kühle. Als ich vorhin das Personal-WC im Untergeschoss aufgesucht habe, pfiff er fröhlich vor sich hin, während er die Weichwasseranlage wartete. Einen Augenblick war ich versucht, ihn zu fragen, ob er meiner Hilfe bedürfe. Dort unten, wohin die Sonne nicht fällt, wohin die unangenehme Wärme nicht dringen kann, dort unten würde ich mich heute gerne den ganzen Tag aufhalten.

Ich drücke eine weitere Tablette Ibuprofen aus dem Blister. Dreimal vierhundert Milligramm. Die tägliche Maximaldosis. Unlustig mache ich mich wieder über die Arbeit.

Ich frage mich, ob meine Übelkeit von dem halbseitigen pulsierenden Kopfschmerz herrührt oder eine Nebenwirkung der eingenommenen Medikamente ist, die ich schlucke, um den Arbeitstag zu überstehen. Angeekelt schiebe ich die Tasse mit dem kalt gewordenen Kaffee beiseite. Alleine der Geruch ekelt mich.

Wenn sich nur diese schreckliche Geräuschempfindlichkeit nicht auch noch eingestellt hätte...

Ein Vorgesetzter muss als gutes Beispiel vorangehen. Ein Mann leidet nicht. Er kennt keinen Schmerz.

Ich greife nach dem Papierkorb und erbrechen mich schwallartig.

Was ist Weihnachten?

„Was ist Weihnachten, Opa?", fragte Rebecca und setzte sich auf den Schoß ihres Großvaters. „Warum feiern wir Weihnachten?"

„Tja, weißt du", meinte der alte Mann, indem er die Zeitung beiseitelegte, „weißt du, den ursprünglichen Sinn hat das heutige Weihnachten verloren!" Er strich sich über den langen Bart und runzelte denkend die Stirn. „Warum freust du dich denn auf Weihnachten?"

Rebecca lachte und ihre feine Stimme klang wie tausend Glöcklein. „Du fragst aber dumm, Opa. Wenn es Weihnachten ist, dann gibt es Geschenke. Oma backt Kuchen, die Kerzen brennen, wir können um den Weihnachtsbaum tanzen, und alle sind glücklich."

„Siehst du", erklärte der Großvater bedächtig. „So war es nicht immer. Vor langer, langer Zeit, vor fast zweitausend Jahren, da wurde in Israel ein kleines Kind geboren. Die Eltern waren sehr arm und so musste dieses Kindlein in einer Krippe schlafen, aus der normalerweise Tiere fraßen. Drei Gelehrte aus fernen Ländern sahen einen leuchtenden Stern aufgehen, den sie nie zuvor gesehen hatten. Sie folgten ihm bis Bethlehem, der kleinen Stadt wo das Kind geboren war. Sie brachten Geschenke und feine Gewürze mit, die gut dufteten, denn sie wussten, dass dieses kleine Kind ein König war!"

„Aber Opa, du hast doch gesagt, dass die Eltern arm waren. Wie soll das Kind da König gewesen sein?"

„Warte ab, mein Schatz! Also, sie brachten allerlei Gutes mit und huldigten dem Kind. Auch Hirten kamen gelaufen, um sich das Kindlein anzusehen. Engel hatten ihnen kundgetan, dass der König der ganzen Welt geboren worden war! Nun, dieses Kind hieß Jesus. Er war wirklich ein König, aber noch mehr: Er war Gottes Sohn! Er lebte viele Jahre auf der Erde, heilte Kranke, predigte, bis ihn die eifersüchtigen Juden schließlich ans Kreuz nagelten, wo er dann nach vielen Stunden voller Qualen starb. Aber nach drei Tagen ist er auferstanden, das heißt, er ist wieder lebendig geworden."

„Aber Großpapa", lachte Rebecca. „Du machst dich über mich lustig. Ein Toter wird doch nicht wieder lebendig!"

„Ein normaler Toter nicht, mein Kind, aber für Gottes Sohn ist alles möglich! Und siehst du, Weihnachten ist die Geburtstagsfeier Jesu! Wir machen uns Geschenke, lachen und spielen, aber an das Geburtstagskind denkt niemand mehr!"

„Das ist also Weihnachten?", fragte Rebecca, deren kleines Engelsgesicht einen ernsten Ausdruck angenommen hatte. „Dann werde ich morgen ganz fest an ihn denken, an Jesus!"

„Tue das, mein Schatz", lächelte der alte Mann und hob das Mädchen von seinen Knien. „Jetzt lauf, ich glaube, Oma hat frische Kekse gebacken!"

Tout ça, c'est la faute de mon chien !

J'avais longtemps hésité avant de me décider : mon chien irait en vacances avec moi. Répondant à l'invitation de mes parents, je me mis au volant de ma Toyota ; le chien partageait la banquette arrière avec une valise et les plantons de tomates que j'amenais à mon père. Pas de problème pour aller en Allemagne : l'autoroute déserte m'invitait à rouler rapidement, plus rapidement que ne l'auraient souhaité les écologistes... ! Je me suis certainement rendu coupable de participation au meurtre de quelques tristes arbres, qui végétaient encore au bord d'un pré ou d'un ruisseau pollué.

Puis nous passâmes deux merveilleuses semaines, mes parents, mon chien et moi. – Le chien trouva même le temps de se lier d'amitié avec la chienne du cordonnier du village. (Nous verrons sans doute dans quelques semaines jusqu'où est allée cette amitié...)

Mais même les vacances les plus belles et les plus ensoleillées passent un jour. C'est ainsi qu'un matin froid et pluvieux, je rechargeai ma « bagnole ». Le coffre fut vite rempli avec la vieille machine à écrire dont mon père me fit cadeau, quelques bouteilles de vin (sureau, pruneau, fraise), des pots de confiture, quelques sacs contenant du pain (fait à la maison), etc. ! – Et Timo se retrouva sur la banquette arrière, coincé entre ma grande valise noire, dix disques et quatre orchidées.

Pressé de rentrer avant le soir, j'embrassai mes parents sous la pluie qui tombait depuis la nuit, puis démarrai. Je n'avais pas roulé plus de dix minutes, quand je me rendis compte que j'avais omis de sortir le chien avant de partir. La douleur de la séparation d'avec mes parents bien-aimés, le moteur qui avait calé à quatre reprises, sans oublier les grosses gouttes qui me coulaient dans le col de la chemise, m'avaient fait oublier le besoin canin – si naturel d'ailleurs – de faire pipi ! J'eus le tort de laisser de côté trois parkings vides où Timo aurait pu lever la patte... ! Voyant tous ces Suisses qui rentraient des vacances, et qui profitaient de la non-limitation de vitesse en Allemagne, je tournai le bouton de la radio, me disant que mon chien n'avait qu'à se coincer un peu le « zizi », moi aussi je devais bien le faire.

Ah, ces vacances ! Mon père m'avait acheté une de ces grilles que l'on installe dans sa voiture pour empêcher les bêtes de venir troubler le conducteur. Non mais, croyait-il peut-être que Timo faisait partie de cette catégorie de chiens mal élevés et n'obéissant pas aux ordres de leur maître... ! C'est pourquoi j'avais refusé poliment, quoique fermement, ce cadeau, lui disant qu'il n'avait qu'à l'utiliser lui-même pour son chien à lui.

La route luisait, je ne pouvais plus arrêter les essuie-glaces car ces chauffards qui me doublaient avec leurs puissantes voitures soulevaient un nuage de fine pluie qui – en plus de celle qui tombait du ciel – venait troubler ma vue à un tel degré que j'étais obligé de réduire ma vitesse à celle d'un escargot, soit à cent cinquante kilomètres à l'heure. La radio diffusait de la musique « à la Mireille Mathieu », et le sang commença à taper douloureusement dans mes tempes : voici cinq heures que je roulais sans m'arrêter ! – Et ce chien qui allait finir par m'énerver : deux fois déjà, je lui avais dit de rester tranquille ; ce n'était pas ma faute s'il s'était pris les pattes entre la valise et le dossier de la banquette... qu'avait-il à se coucher sur mes bagages ?

Il ne devait pas s'étonner s'il tombait au premier freinage venu ! Pas ma faute, tout de même, si cette « nana » vient se flanquer devant moi à nonante kilomètres à l'heure ! Des appels de phares et un coup de klaxon ne pouvaient la chasser de ma trajectoire, aussi fallait-il freiner à mort et voilà Timo qui se coince la patte... ! Je vous assure, je supporte beaucoup, mais un chien qui me hurle dans les oreilles quand je conduis : rien de pis que cela ! Je l'enguirlandai donc et il se tint tranquille pendant quinze minutes encore. Puis le cirque recommença : il se mit à pleurnicher, puis à aboyer et enfin à danser sauvagement dans le fond de la voiture, renversant un *Oncidium kramerianum*, petite orchidée fragile que j'avais trouvée tout à fait par hasard chez un vieux jardinier, qui me l'avait laissée pour rien du tout. Voyant qu'un sort semblable menaçait une *Phalaenopsis schilleriana*, je me retournai pour clouer une fois pour toutes le chien sur place : pour l'attraper, je lâchai le volant avec une main. Le saisissant par le collier, je l'expédiai dans le coin opposé à celui des fleurs.

Vous ne le croirez pas : cette sale bête me mordit alors dans la main droite, pas fort, mais assez pour que je hurle et que j'attrape une crampe au côté gauche. Et voilà que ce camion surgit devant moi. Je roulais à cent cinquante kilomètres à l'heure, je vous le répète : trop tard pour freiner – à droite un autocar chargé de retraités, à gauche la glissière. N'étant pas anxieux, j'appuyai malgré tout sur le frein, tenant le volant de la main gauche, la droite saignant abondamment. C'est alors que je vis cette énorme flaque d'eau. – Aujourd'hui, je suis capable de vous dire ce qu'est l'aquaplaning ! Ma voiture dérapa, toucha l'autocar, puis la glissière, puis un buisson...

Je repris connaissance un bon moment plus tard : je pendais dans la ceinture de sécurité, tête en bas, jambes en haut, la Toyota avait dû faire quelques tonneaux. Le pare-brise n'existait plus. Le cadavre d'une orchidée estropiée me sourit tristement. Et dans ce bruit inoubliable de sirènes, de cris de terreur des gens qui s'étaient arrêtés pour voir ce que l'on pouvait encore sortir de cette épave jaune, je le vis : Timo ! Sorti indemne de ce terrible accident dont il était le coupable, il était en train de se soulager contre une des roues de la voiture, arrachée et tombée sur la chaussée ! Il avait l'air de sourire, de se sentir libéré d'un grand poids qui devait lui peser, sans doute, depuis un bon moment.

« Le voilà le coupable, messieurs les gendarmes », pensai-je avant de m'évanouir pour de bon. « Tout ça, c'est la faute de mon chien ! »

Anitas letztes Fest

Eine schwere Krankheit hatte die kleine Anita viele lange Monate ans Bett gefesselt. Vor ihrem Mädchen machten die Eltern immer fröhliche Gesichter, lachten und scherzten, aber wie oft weinte sich die Mutter abends in den Schlaf! Auch der Vater, sonst so fest, wirkte dann verschlossen und müde.

Was war nur geschehen? – Die Ärzte hatten Krebs diagnostiziert, unheilbar! Die Krankheit hatte schon vom ganzen schmächtigen Körper Besitz ergriffen. Gevatter Tod streckte seine Finger nach dem Kinde aus.

Doch noch war es nicht soweit.

Weihnachten stand vor der Tür. Die Eltern hatten einen großen Tannenbaum ins Krankenzimmer gestellt, über und über mit Glitzerschmuck, Sternen und goldenen Nüssen behangen. Die Kerzen brannten, Girlanden waren gespannt, feierliche Musik kam aus den Lautsprechern des Plattenspielers, und jetzt saßen sie auf dem Bettrand, hielten die kalten Finger ihres Töchterchens in den Händen und blickten auf die Geschenke, die sich unter den grünen Ästen stapelten.

„Ob der Weihnachtsmann meinen Teddy mitgebracht hat?", wollte Anita wissen, und ihre matten Augen bekamen auf einmal einen besonderen Glanz.

„Aber sicher doch, Kindchen", lächelte die Mutter. „Er hat dir extra einen Gruß ausrichten lassen."

„Ist das wahr?"

„Natürlich", nickte der Vater. „Freust du dich?"

„Ganz riesig! Ich fühle mich schon viel besser! Wirklich! Ich habe gar keine Schmerzen mehr!"

Die Eltern tauschten einen vielsagenden Blick aus.

„Na, dann wollen wir doch einmal sehen, was uns alles beschert worden ist", schlug der Vater vor und verteilte die Geschenke.

Bald lagen eine Puppe, winziges Kochgeschirr, eine neue Bluse, Seife und Kinderbücher auf Anitas Steppdecke, aber das kleine Mädchen hatte nur Augen für ihren Teddy, einen großen, flauschigen Stoffbären mit braunem Fell. Ganz fest nahm sie ihn in ihre mageren Arme,

drückte ihn an ihre eingefallene Brust.
Als das Telefon klingelte, gingen die Eltern für einen Moment aus dem Zimmer. Als sie zurückkamen, schlief Anita, ihren Teddy im Arm.
– Eine große Ruhe und ein ewiger Frieden hatten sich über sie gelegt. Ganz still war sie gegangen, hatte ihre Seele dem Schöpfer wieder übergeben.

„Sie schläft", flüsterte der Vater und nahm die Mutter bei der Hand.

„Für immer", flüsterte diese zurück. Tränen rannen ihr über das Gesicht.

24. Dezember: Anitas letztes Weihnachtsfest.

Le malade imaginaire

Cette histoire est tellement absurde que je n'ose presque pas la raconter. Pourtant, elle n'a rien à voir avec celle de Molière et elle peut aussi bien arriver à chacun d'entre vous : prêtez-moi donc votre attention et ne riez surtout pas !

Depuis trois semaines, je ressentais des brûlures fort désagréables lorsque j'urinais. Tout au début, je me disais :

« Tu ne bois pas assez, tes urines sont trop acides. »

Puis s'installa au fond de moi la peur du cancer. La douleur ne cessait pas mais au contraire augmentait, et chaque fois que je me soulageais, cela me « coupait » comme une lame de rasoir.

« Mon vieux, me dis-je, t'es fichu : faut aller voir un docteur au plus vite. »

Mon médecin traitant étant en vacances (comme toujours quand on a besoin de lui...), je dus m'adresser à l'un de ses confrères, d'ailleurs tout content de lui « choper » un client. Il me regarda profondément dans les yeux, tâta mon pouls, me posa deux ou trois questions sur ma santé physique et mentale, et me fit prélever un échantillon d'urine, question d'analyser ce liquide légèrement rougeâtre.

« Infection urinaire », diagnostiqua-t-il. « Je vais vous prescrire du Bactrim. »

Il me donna une ordonnance et m'envoya chez le pharmacien. Rentré à la maison, je fis ce que ce dernier m'avait dit et je lus attentivement la fiche accompagnant le médicament. – Je comprends plus facilement le russe que le langage sauvage des chimistes et des médecins ! Ceci pour vous dire que je ne compris rien du tout ! Encore heureux que le pharmacien m'ait indiqué le dosage : quatre comprimés le premier jour, puis deux tous les jours suivants, jusqu'à nouvel ordre.

Deux semaines passèrent et, chose étonnante, je pouvais de nouveau uriner sans me tordre de douleur. Tout content, je téléphonai au docteur qui me dit d'arrêter cet antibiotique. Un peu euphorique à cause de cette guérison rapide, j'oubliai vite mes soucis. Jusqu'au matin d'un certain dimanche.

Je me réveillai vers neuf heures, écoutai encore un moment le chant des oiseaux, puis me levai. Arrivé dans la salle de bain, je fis couler l'eau pour me raser et... restai figé devant l'image que le miroir refléta : j'étais couvert d'éruptions pustuleuses, surtout sur le visage, sur la poitrine et les jambes. « Horreur, pensai-je, j'ai chopé la petite vérole ! » Je me précipitai sur le téléphone et appelai mes parents.

« Il faut absolument venir, criai-je, je suis gravement malade ! Vous vous rendez compte, la petite vérole à trente-trois ans. Je peux en mourir ! »

« Reste calme, me dit mon père, je te passe maman ! »

Comment pouvais-je rester calme, étant si proche de la mort ?

« Je ne comprends pas, me dit ma mère, à neuf ans, tes frères et toi vous avez tous attrapé la petite vérole. Tu es immunisé pour la vie ! »

« Apparemment pas », pleurai-je. Je me sentis tout à coup très faible sur mes jambes et dus m'asseoir...

« Bon, ne panique pas », commanda mon père résolument. « Couche-toi et on arrive. »

Avec beaucoup de peine, je me traînai vers le lit. Trempé de sueur, frissonnant et toussant, je parvins enfin à me hisser sur le matelas. Le duvet tiré jusqu'au menton, je ne bougeai plus.

Arrivant quelques heures plus tard, mes parents ouvrirent la porte avec la clé de secours. Mon père me donna un thermomètre, tandis que ma mère prépara un thé à la menthe. Même le chien était venu. Il me lécha les mains, chose qui n'était plus arrivée depuis de nombreuses années.

« Il sent la mort, me dis-je, les chiens ne se trompent jamais. »

« J'ai téléphoné à tes frères », me dit mon père. « Ils prendront le prochain train pour venir te voir. Es-tu sûr que c'est dangereux d'attraper cette saleté de maladie deux fois ? »

N'ayant plus la force de répondre, je hochai la tête.

« Un ami infirmier me l'a dit », parvins-je enfin à articuler.

Je voyais ma mère qui pleurait dans un coin de la chambre.

« Tirez les rideaux, leur dis-je, je ne peux supporter la lumière. »

Mon vieux père se précipita à la fenêtre.

« Tu n'as pas de température », s'étonna-t-il.

« Alors la fin est proche », leur dis-je.

Juste à ce moment, on sonna à la porte. Ma mère ouvrit et mes frères entrèrent.

« Salut mon pote », me lança Alphonse.

« Fais voir », me dit René, médecin assistant à l'Inselspital de Berne. « Qu'as-tu mangé ces derniers jours ? »

« Rien de particulier : des œufs, des épinards, du pain... »

Je fermai les yeux.

« T'as pas pris des médicaments, par hasard ? »

« Si, des aspirines, ici et là, et ce drôle de Blamine. »

« Tu veux dire Bactrim ? » m'interrogea-t-il.

Je hochai la tête.

« Qu'importe ? Je suis mourant ! »

« Si tu es mourant, moi je suis cordonnier », déclara René en riant.

« Veux-tu te taire, gamin ! lui dit mon père, ne vois-tu donc pas que ton frère souffre ? »

René se leva et ouvrit la fenêtre.

« Ton fils aîné n'est pas plus malade que moi », lui dit-il. « Les éruptions n'ont rien à voir avec la petite vérole. Il fait simplement une allergie tardive à l'antibiotique qu'il a pris. Nous avons tous fait un voyage pour rien du tout. »

« T'es sûr ? » demanda Alphonse.

« Écoutez, je vois de tels cas quotidiennement dans le service où je travaille », assura le benjamin de la famille. « Ce n'est rien ! »

Ma mère me regarda d'un air sévère. Mon père poussa un grognement qui ressemblait au rugissement d'un lion agacé. Même mes deux frères adoptèrent une attitude tellement hostile que je préférai m'enfuir sans tarder aux toilettes où je m'enfermai à double tour.

« Sors tout de suite de là ! » commanda mon père.

« Jamais ! répondis-je, j'ai tout le temps ! »

Alphonse frappa à la porte :

« Tu verras, quand tu n'auras plus rien à manger... toi, gourmand comme tu l'es, comment vas-tu tenir plus de quelques heures ? Maintenant que nous sommes là, nous avons tout le temps qu'il faut... »

« Laissez-le donc, déclara ma mère d'un ton conciliant, il n'a pas fait exprès ! »

« Non, mais tu te rends compte, maman, répondit René, nous avons fait tous ces kilomètres, Alphonse et moi... Je lui administrerai une de ces corrections quand il sortira de là ! »

« Cause toujours, me dis-je, vous avez oublié la fenêtre qui donne sur le jardin. »

Je l'ouvris... et restai cloué sur place. Devant la fenêtre, juste en face, à l'ombre sous le pommier, notre chien avait pris place, il me regardait et mettait à nu ses dents d'un blanc éclatant.

Je préférai rentrer... L'attente allait être longue !

N.B. Cette histoire étant issue de ma fantaisie vagabonde, une quelconque ressemblance avec une personne vivante serait pure coïncidence.

Waisenhund

Weit entfernt von den großen Boulevards, auf dem die Touristen flanieren, fegt der Wind eisig durch die schmutzigen Straßen von Genf, treibt Papierschnipsel und leere Zigarettenschachteln vor sich her, zaust die Bäume, reißt ihnen die letzten welken Blätter von den Ästen und peitscht den kalten Nieselregen gegen die traurigen Hauswände.

Müde, schlechtgelaunte Menschen eilen durch die Gassen, vorbei an den Bistros und an Frauen, die Liebe suchen und doch nur Geld bekommen.

In einem dunklen Hauseingang hat ein kleiner Hund Zuflucht gesucht, Schutz vor Kälte und Nässe. Zitternd drückt sich der junge Bastard an die schmutzigen Steine. Er macht sich ganz klein, als plötzlich die Tür aufgeht und eine herzlose Stimme ausruft: „Was macht denn der Köter hier?" Als er den Besen ins Kreuz geschlagen bekommt, zieht er jaulend den Schwanz ein und springt auf die Straße hinaus. Sofort ist sein Fell klatschnass, das vom Himmel stürzende Wasser kennt kein Erbarmen. Ein großer schwarzer Mann tritt ihm auf die Pfote, ein Jugendlicher bewirft ihn mit Kieselsteinen, und eine dicke Frau mit lächerlichem Hut, sticht ihm fast das Auge aus, als sie sich abmüht, ihren Regenschirm zu öffnen.

Vor einem Fleischerladen bleibt der Hund stehen, schaut sehnsüchtig auf die Würste und das Fleisch in der Vitrine. Sein Magen knurrt und er würde so gerne etwas fressen, wäre es auch nur ein kleines Stückchen Wurst. Als er plötzlich einen großen beigen Hund mit struppigem Fell auftauchen sieht, will er erneut die Flucht ergreifen, – jedoch zu spät! Der andere Bastard fällt ihn sofort knurrend an und lässt den Kleinen erst abziehen, als dieser aus zwei Bisswunden am Rücken blutet.

Winselnd kriecht der Waisenhund durch die Straßen, entlang an traurigen Häuserblöcken, entlang an den vielen bunten Leuchtreklamen, bis ihn plötzlich eine Hand sanft aufhebt und eine etwas rauchige Stimme an seinem Ohr fragt: „Da dove vieni, ragazzino?" Vor Schreck wird er ganz steif und blinzelt durch die halbgeschlossenen Augenlider den Menschen an, der ihn jetzt schützend unter seinem

Mantel birgt. Nicht mehr ganz jung ist sie, eine Gefallene. Etwas zu stark geschminkt, Rock und Mantel für das kalte Regenwetter zu kurz. An ihrem rechten Handgelenk baumelt eine rote Handtasche aus Kunstleder. Eine Dienerin der Liebe für alle, die ihn treten; eine Göttin für ihn, den kleinen Hund, *il cano minore*.

Er spürt den beschützenden Druck und die Wärme ihrer Brüste.

Seine raue Zunge findet ihren Handrücken.

Suicide d'un chat

L'année de notre Seigneur Jésus-Christ 2017. Tu vis dans une sorte de vase, dans lequel tu es vivement remuée dans tous les sens : de droite à gauche et vice-versa. Il est beau à voir, ce récipient, bien sculpté, sacré de temps à autre, saint et irréprochable : un couvercle couvre son orifice, bien étanche, bien fermé. Mais une puissance diabolique le secoue, brusquement, non pour se débarrasser de toi (car le couvercle tient trop bien), mais pour te torturer. Tu dégringoles d'un côté du récipient à l'autre. Soudainement ; sans cesse. Sans repos. La tête te tourne. Le sens diminue. Ton âme gémit. Tu souffres. Et tu continues sans arrêt ce voyage : de droite à gauche et vice-versa. Jour après jour. Année après année. Tellement d'occupations, tant de soucis…

Ce vase clos, qu'est notre époque, qui te noie dans une abondance de choses, t'inonde avec des informations, des relations, t'ensevelit sous une montagne de besoins et d'exigences, et une mauvaise voix t'assure perfidement : « Tout est possible ! » Toujours plus vite ! Tu es remuée dans tous les sens, de droite à gauche et vice-versa.

Ô mensonge qui sème la ruine !

Tu appuies avec tes pieds contre le couvercle. Mais celui-ci ne s'ouvre pas. Pauvre amie captive ! Tu n'arrêteras plus le *Zeitgeist*, l'esprit du temps ! Tu es sa prisonnière à jamais.

Et tu souffres. Déjà tu ne les remarques plus, mais ton épuisement s'accroît, le temps fuit auprès de toi, tu es de plus en plus mécontente.

Tes amis t'évitent. Tu n'as pas de famille.

Cependant à la maison, chez toi, voilà, ton chaton t'attend, tout petit, tout discret. Qu'il attende ! Tu penses qu'il n'est pas chargé de ta besogne. Qu'est-ce qu'il peut bien comprendre de ta souffrance, n'est-ce pas ? Qu'il attende donc ! De droite à gauche…

Il tousse. Un rhume de chat. L'animal est faible. Depuis bien des jours.

Tu lui as promis de rentrer tôt. De droite à gauche…

Il traverse l'appartement une dernière fois à pas lents. Tu n'es pas là. De droite à gauche…

Aujourd'hui le chat décide de ne plus vivre. Il se couche dans son

panier. Il regarde la porte d'entrée. Elle reste fermée. Ses yeux larmoient ; son nez coule.
   Et il cesse de respirer.
   Un souffle froid passe à travers la pièce. Tu rentres enfin. De droite à gauche et vice-versa.

Begegnung mit Alfred

Sachte tippte ich ihm auf die Schulter. Erschrocken drehte er sich um. „Was ist?", fragte er ängstlich und seine Stimme zitterte. Erstaunt sah ich ihn an. „Nichts", entschuldigte ich mich. „Ich wollte dich nur fragen, wie spät es ist. Du hast doch eine Uhr, ja?"
Er nickte und fuhr sich mit dem Unterarm über das nasse Gesicht. „Es ist kurz nach neun."
„Warum stehst du hier?"
Ein angstvoller Blick traf mich. „Warum stehst du denn hier?"
„Ich warte auf meinen Vater."
„Ich auch."
„Haben sie ihn auch abgeholt?"
„Ja."
„Warum?"
Er sah mich an, griff dann mit einer Hand an seinen Mantelaufschlag und zog ihn auf. Auf der linken Hemdseite war ein gelber Sechsstern mit der schwarzen Aufschrift „JUDE" angenäht.
Betrübt nickte ich.
„Warum haben sie deinen Vater abgeholt?", wollte er schließlich wissen.
Regenwasser lief mir in den Kragen, doch ich kümmerte mich nicht darum. „Mein Vater gehörte einer Widerstandsbewegung an!"
„Gefährlich!"
„Ja."
„Wie heißt du?"
„Ernst. Und du?"
„Alfred."
„Wo wohnst du?"
„Nirgendwo."
„Und deine Mutter?"
Er drehte sein Gesicht weg. „Abgeholt!"
Bitterkeit stieg in mir auf. „Komm zu uns, meine Mutter ist schwer in Ordnung!"
„Das bringt euch nur Schwierigkeiten!"

„Weiß ja keiner davon..."
„Die kriegen alles raus!"
„Dummheit! Kommst du?" Ich zog ihn ungeduldig am Ärmel.
„Na gut. Dankeschön."
Wir gingen den Parkweg entlang. Plötzlich tauchte vor uns eine Schar Hitlerjugend auf. Betont ruhig gingen wir an ihnen vorbei. Ein Ruf ließ uns stillstehen. „He, ihr zwei! Grüßt man nicht mehr?" Ängstlich drehten wir uns um.
„Hallo", sagte ich.
„Was heißt hier *hallo*?", schrie der Scharführer. „Wir Deutschen grüßen mit *Heil Hitler*!"
„Heil Hitler!", sagte ich zögernd.
Verächtlich wandte er sich an Alfred. „Und du?"
„Guten Tag!", sagte Alfred leise.
„Willst du uns verkohlen?", zischte der Hitlerjunge. „Grüße gefälligst richtig!"
„Nie."
„Ach nein?" Mit einem raschen Sprung war er bei Alfred und riss ihn an den Mantelaufschlägen zu sich heran. Dabei sprangen einige Knöpfe ab und der Mantel klaffte weit genug auseinander, um den Stern freizugeben.
„Na sieh mal an!", rief der Scharführer aus. Die anderen Uniformierten drängten sich um Alfred.
„Ein dreckiger Jude!"
„Schwein!"
„Untermensch!"
Schimpfwörter hagelten auf den Jungen nieder.
„Wir nehmen ihn mit!", befahl der Scharführer und drehte sich zu mir um. „Bist du auch ein Judenschwein?"
Bestürzt schüttelte ich den Kopf.
„Dann mach, dass du wegkommst!", befahl er.
Vor Angst schlotternd rannte ich davon. Tränen rannen mir über das Gesicht. Doch schlimmer als die Angst war die Scham, die mich überfiel, als ich endlich in Sicherheit war. Ich hatte Alfred im Stich gelassen! Was haben sie mit ihm gemacht? Ist er dem Schicksal seiner

Glaubensgenossen gefolgt?

Ich habe ihn nie wiedergesehen!

Zu meiner Entschuldigung kann ich vorbringen, dass ich doch erst elf Jahre alt war!

Nach dem Regen

Ich habe meinen Regenmantel angezogen und trete vor die Tür. Hier draußen ist die Luft lauwarm. Seit Tagen schon ziehen schwarze Regenwolken am Himmel vorbei, krallen sich an die Gipfel des Juragebirges. Nur ab und zu haben sich vereinzelte Sonnenstrahlen ihren Weg durch die zähe, feuchte Masse gebahnt.

Ich gehe die große Straße, die an der Nestlé-Fabrik vorbeiführt, hinaus aus der Stadt. Der Asphalt ist fast trocken, stellenweise behaupten sich kläglich kleine Pfützen. Der Wind streicht durch die Korn- und Maisfelder, er spielt mit den Wipfeln der hohen Pappeln, rüttelt an den Ästen eines Walnussbaums. Rechts hat er in grenzenloser Wut ein goldgelbes Getreidefeld zu Boden geworfen. Geknickt liegen die Ähren am Boden.

Plötzlich muss ich zur Seite springen: Fast hätte ich eine kleine Schnecke zertreten, die über die Straße kriecht. Ich nehme sie auf und setze sie ins feuchte Gras. Dann ziehe ich meinen Regenmantel aus und hänge ihn mir über die Schulter – es wird wärmer. Ich lasse links neben mir einen Waldstreifen, neben überschwemmten Äckern, zurück – das ideale Gebiet für Graureiher, die sich hier seit einem Jahr heimisch fühlen. Ein weißer Schmetterling flattert über die Straße, lässt sich auf einer Margerite nieder. Es duftet stark nach feuchtem Heu. Auf einer Brücke bleibe ich stehen und schaue ins Wasser. Kleine Fische schießen hin und her, träge fließt das Nass vor sich hin. Schwalben fliegen tief an mir vorbei – die gewitterartige Luft hält die Insekten, die die schnellen Vögel als Nahrung benötigen, unten.

Vor mir höre ich ein Lachen. Zwei junge Leute kommen mir auf der anderen Straßenseite entgegen. Ihre Körper verschmelzen zu einem. Er hat seinen Arm um ihre Schultern gelegt, sie den ihren um seine Hüfte. Ihr Kopf lehnt an seinem Oberarm. Fröhlich winkt mir der Mann zu. Ich winke nicht zurück.

Ein Zug rattert durch die Äcker, seine Wagenkette will nicht abreißen. Doch dann ist er vorbei. Es wird wieder still. Nur die Glocken vom *temple* aus Orbe zeigen die achtzehn Uhr an. Langsam und vorsichtig stiehlt sich ein Sonnenstrahl durch die dunkle Himmelswand, zögernd folgen ihm andere, sammeln sich für kurze Zeit zu Bündeln und stemmen sich gegen die schweren Wolken. Über einen Feldweg zwischen den Weinbergen erreiche ich im Abendgold den westlichen Stadtrand wieder. Menschen stehen vor den Häusern, genießen die kurze Aufhellung des Wetters. Rasend bellt mich ein Hund hinter einem Metallzaun, der ein großes Grundstück einfasst, an. Er verstummt auf den scharfen Pfiff seines Herrn hin. Ich höre das Kreischen einer rangierenden Tram im Bahnhof.

Als ich den Chemin de Floréal zum Haus meines Großvaters emporgehe, kommt mir das junge Paar von vorhin wieder entgegen. Ihr Kopf ruht immer noch am Oberarm ihres Partners.

Vive les enfants (1983)

... et leurs dessins !

Il y a quelques mois, la volée des « TUTSI » a visité le Centre hospitalier universitaire vaudois (CHUV) et, entre autres, la division de pédiatrie.

Chose unique : les murs sont couverts de tableaux peints par des enfants. Ceci donne un cadre bien particulier à cette division, où la souffrance fait partie du quotidien.

Joli, joli, joli...

Mais parlons maintenant de notre hôpital. Faut-il vous demander ce que vous pensez des couloirs souterrains qui mènent d'un bâtiment à l'autre ? Malgré les soins réguliers qu'on leur prodigue... ils sont bien tristes : ces malades et nous-mêmes qui devons y passer n'en sommes guère enchantés !

Cela fait bientôt trois ans que j'en ai parlé aux uns et aux autres. Chaque fois on me dit : « C'est juste, moi, je pense comme toi, on devrait en faire quelque chose de joli... ! » Mais personne ne bouge.

Pourtant la solution est là, simple et originale : imitons l'exemple du CHUV. Invitons les gamins de la garderie et de la pédiatrie à peindre sur nos murs. Saint-Loup héberge des enfants de Terre des hommes, l'occasion nous est donnée de découvrir peut-être, à travers leur peinture, quelque chose de nouveau.

Quelle joie ce sera alors de se promener par là en bas, une fois ces murs décorés. Aimer les enfants c'est une bonne chose. Faisons-leur un plaisir en les invitant à peindre, et faisons-nous plaisir en regardant leurs dessins terminés.

Que Saint-Loup (et ses souterrains) devienne un hôpital aussi joyeux que possible, aussi lumineux que possible, aussi accueillant que possible.

Et vive les enfants !

Lettre ouverte au personnel de l'Hôpital de Saint-Loup

Chers collègues !

Je vous écris cette lettre parce qu'il y a quelques semaines, une grande lassitude m'a soudain envahi... et voilà quelle en était la cause :

En passant dans une division de l'hôpital, le jeudi soir, juste avant le début de l'émission « Concerto Grosso », j'ai trouvé les programmes imprimés, qui sont destinés aux patients, dans une corbeille à papier !

Ma première réaction, le soir même, a été d'écrire un article plein d'ironie et de sarcasme « remerciant » tous ceux qui ne m'aident pas dans un travail pourtant bien apprécié par un grand nombre de patients. Puis, la rédaction de « La Loupiote », à laquelle j'avais remis l'article pour parution, me demanda si vraiment je voulais le publier tel quel.

Je me suis donc mis à réfléchir et à analyser la situation. Pour une meilleure compréhension, permettez-moi de rappeler brièvement de quoi il s'agit : il y a un peu plus de trois ans, l'émission « Concerto Grosso » a été créée par Mlle S. Martinet et moi-même.

Le but de cette émission ? Divertir les patients, une fois par semaine, par de la musique, détourner leur attention de la maladie qui les cloue au lit sur un concours qui leur donne la possibilité de gagner un prix (livre, disque, jeu, etc.). Puis, nous avons pris l'habitude, au cours des années, de commencer ou de finir chaque émission avec un verset biblique, un poème ou autre, un mot d'encouragement, quoi !

Durant ces trois dernières années, les collaborateurs de « Concerto Grosso » se sont relayés ; plusieurs sont partis, d'autres sont venus, par exemple M. Charles Colomb d'Orbe, qui vient depuis le mois d'août 1984, fidèlement toutes les deux semaines, lire un passage de la Bible.

Chaque émission est préparée avec soin... et beaucoup de temps. Il faut choisir la musique, l'écouter une première fois, l'enregistrer sur une bonne cassette, préparer les concours et les prix, tenir la correspondance avec les entreprises qui nous offrent ces prix (Nestlé, Édition Mon Village, Édition Ex Libris, La Placette, etc.). Et puis, chaque jeudi soir il faut venir réaliser l'émission à vingt heures. Quand nous partons en vacances, nous préparons d'avance toute l'émission sur une cassette de soixante minutes qui est alors diffusée par une diaconesse de l'hôpital.

L'année passée, la direction nous a offert un budget de cinq cents francs, qui nous permet de « tourner » plus facilement.

Les programmes de chaque semaine sont imprimés par M. Lehmann (merci !) et envoyés par sœur Francine, en poste interne, dans les services où leur trace se perd apparemment chaque semaine dans un bureau !

Je n'aimerais pas faire tort à tout le monde, car je sais qu'il y a des fidèles qui distribuent les programmes chaque semaine aux patients. Merci à tous ceux que je pourrais nommer ici par leur nom...

Je l'ai testé moi-même : distribuer un programme par chambre prend, au grand maximum, cinq minutes par division. Même dans les périodes où le travail ne manque vraiment pas – comme actuellement –, la personne qui distribue le thé, par exemple une aide-infirmière, trouverait le temps de rendre ce petit service, si elle le voulait.

Des remarques comme : « Tu pourrais le faire toi-même » me semblent injustifiées. Pourtant, je l'ai entendu plusieurs fois ! Je ne cherche pas des collaborateurs au studio, mais un coup de main une fois par semaine dans les services !

Voilà pourquoi je me demande s'il faut continuer !

Les petits messages des patients, leurs coups de fil le jeudi soir, me disent que oui et m'encouragent. Mais ce problème de la distribution des programmes... qui sont pourtant indispensables... c'est par un brin de gentillesse et de bonne volonté qu'il peut être résolu !

Je rappellerai aussi que ces programmes coûtent de l'argent et que l'hôpital n'en a pas à gaspiller !

J'aurais pu intituler ce texte : « Lamentations de Samuel », mais il me reste de l'optimisme !

À tous ceux qui ne restent pas indifférents à la cause de « Concerto Grosso » et à ma « plainte » : merci mille fois !

Samuel E. Leresche
Rédaction de « Concerto Grosso », Radio Saint-Loup

Wie geht es dir?

An einem Sonntag im letzten Sommer kam nach einem Gottesdienst, nach dem Abendmahl, ein lieber Freund, den es nach Ostpreußen verschlagen hat (manchmal sind Gottes Wege für uns Menschen recht unverständlich) zu mir und gab mir die Hand. Er verbrachte mit seiner Gattin einige Tage in unserer Region. Wir hatten uns viele Monate nicht gesehen.

„Wie geht es dir?", fragte er mich mit einem großen, warmen Lächeln. „Ich freue mich sehr, dich zu sehen."

Nicht so gut. Die Arbeit bringt mich noch einmal um den Verstand, meine Ehe ist kaputt, ich habe mich in eine andere Frau verliebt, die meine Liebe nicht erwidern kann, die Kinder haben das Haus verlassen und reden kaum noch mit mir. Ich habe mich in ärztliche Behandlung begeben. Aber meinen Glauben als Christ habe ich noch nicht verloren.

Das war es, was ich ihm eigentlich sagen wollte.

Ich wollte ihm beim Sprechen in die Augen sehen und hob den Kopf. Da sah ich, wie sein Blick bereits über die anderen Gottesdienstteilnehmer wanderte. Er ließ meine Hand los, wandte sich einer Witwe der Kirchengemeinde zu und fragte sie: „Wie geht es dir? Wir haben uns so lange nicht gesehen, ich freue mich!"

Der Weggefährte

Pfeifend schlenderte ich den steinigen Weg entlang. Die Hände tief in den Hosentaschen vergraben, träumte ich im Gehen vor mich hin. Der Tag neigte sich seinem Ende zu. Die Sonne stand blutrot am Horizont und tauchte die Stoppelfelder in goldgelbe Farben. Einige Krähen flatterten über einem Ährenfeld.

Fast hätte ich den alten Mann umgelaufen, der plötzlich vor mir auftauchte. Wie von tiefem Leid gezeichnet stand er vornübergebeugt am Wegrand und sah vom Hügel hinab auf die Stadt. Sein Rock war alt und faltig, die Hose ausgebeult, die Schuhe abgelaufen. Eine Taschenuhr hing lose an einer goldenen Kette über seinem Bauch. Die Haare hatten wohl schon lange keinen anständigen Schnitt mehr erhalten. Der weiße Bart fiel ihm bis auf die Brust.

Als er aufsah, durchbohrte mich sein dunkler Blick. Kein Lächeln stand auf seinem faltigen Gesicht. Fast körperlich spürte ich die Feindseligkeit, die von ihm ausging. Wohl hatte ich ihn aus tiefsten Gedanken aufgeschreckt.

„Es tut mir leid!", murmelte ich und schob mir die Gesellenmütze in den Nacken.

„Was tut Euch leid?", brummte er.

„Dass ich Euch gestört habe!"

„Ihr habt mich nicht gestört. Ich muss ohnedies gehen. Der Abend kommt auf!"

„Nein!", rief ich schnell, als er sich abwandte. „Bleibt! Mein Weg führt mich heute noch weiter. Ich will Euch nicht scheuchen!"

Er sah mich an. „Ihr scheucht mich nicht! Mein Weg neigt sich dem Ende zu!"

„Aber bis in die Stadt ist es noch eine gute Stunde..."

„Ich spreche nicht von der Stadt", entgegnete er und ließ mich stehen.

Als ich ihn eingeholt hatte, fragte ich: "Macht es Euch etwas aus, wenn ich den Pfad mit Euch teile?"

Er schüttelte den Kopf.

„Seid ihr Pfarrer?", wollte ich weiter wissen.

„Ihr seid ziemlich schwatzhaft", entgegnete er, ohne auf meine Frage einzugehen. Eine steile Falte stand zwischen seinen Augen.

„Das mag wohl sein", erklärte ich gutmütig und stieß einen Stein vor mir her. „Das ist, weil ich in Wien Arbeit suchen werde und fremd hier bin!"

„Ihr kommt nicht von hier?"

„Nein, ich bin aus Preußen!"

„So? Kennt ihr auch Hamburg?"

„Nur zu gut. Vor zwei Jahren habe ich dort gute Arbeit gehabt!"

„Und Düsseldorf?"

„Flüchtig."

Wir marschierten eine Weile ohne zu sprechen. Das Sonnenrot wurde immer schwächer.

„Liebt Ihr Musik?", fragte er mich plötzlich.

„Darauf könnt Ihr Euren letzten Knopf verwetten! Wenn die Marschkapellen durch die Straßen ziehen, sehe ich immer zu, einen guten Platz zu bekommen!"

„Ich sprach von Orchestermusik!"

Ich sah ihn erstaunt an. Sollte dieser Alte mehr von Musik verstehen als ich? „Beethoven, Haydn und so, ja?", fragte ich und kratzte mich an der Wange. Mein Stoppelbart war gut zwei Tage alt. „Als Schustergeselle kann man nicht in Konzerte gehen. Das ist nur für die feinen Leute!"

„Aber Ihr würdet es gerne?"

Ich nickte. „Natürlich. Wer würde so etwas nicht wollen? So viele Instrumente auf einmal ... Man sagt, dass es noch schöner als die Blasmusik sei ... Die Geigen würden singen und die Flöten jubilieren. Und dann gäbe es noch große Geigen, die auf dem Boden stehen, und ganz große Pauken ..." Ich schwärmte, bis wir an eine Wegabzweigung kamen.

„Ich muss nach rechts", erklärte mir der alte Mann und zum ersten Mal sah ich ein kleines Lächeln über sein Gesicht huschen. Nur ganz kurz, aber es schien, als stände ein anderer Mensch vor mir.

„Wenn Ihr in Wien seid", brummte er, „dann kommt einmal zu mir. Ich kann Euch Einlass verschaffen zu einem Konzert." Damit drehte er

sich um und stapfte den dunklen Weg hinab.
„Wie heißt Ihr denn?", rief ich ihm nach und schüttelte den Kopf. Dieser Alte war vielleicht sonderlich!
„Brahms", hörte ich ihn rufen. „Johannes Brahms."
„Wer ist das denn?", fragte ich mich leise. „Brahms?" Eine Weile schaute ich ihm nach, dann schulterte ich meinen Sack und folgte dem entgegengesetzten Weg.

Der Fahrstuhlkuss

Es gibt keinen unromantischeren Ort für ein zärtliches Tête-à-Tête als einen Fahrstuhl. Vielleicht mit Ausnahme einer öffentlichen Bedürfnisanstalt in einer Autobahnraststätte. Allein der umgangssprachliche Begriff *Fahrstuhl*, der eigentlich die Aufzugsanlage in einem Gebäude beschreiben soll, führt nicht wenige Menschen dazu, an einen Krankenfahrstuhl (gebräuchlich: Rollstuhl) zu denken.

Niemand wird an heiße Küsse und leidenschaftliche Umarmungen auf einem Autobahn-WC denken, wo es nach Urin und anderen Exkrementen riecht. Der Leser wird mir zustimmen. In einem Aufzug wohl auch nicht. Aber ich habe ein Ehepaar gekannt, um die achzig Jahre alt, das keine Fahrstuhlfahrt beendete, ohne sich einen Kuss gegeben zu haben. Oh, ich weiß es von ihm selbst. Er hat es mir einmal erzählt, als ich jung verheiratet und noch unsterblich verliebt war. Er, das war Onkel Kurt, der Cousin meiner Großmutter väterlicherseits. Verheiratet mit einer quirligen, einen Kopf kleineren, aber recht schweigsamen, lieben Frau, die den gleichen Vornamen trug wie meine Großmutter: Elly. Er hat mir erzählt, wie es zu diesem Ritual gekommen ist. Leider habe ich die initiale Begebenheit vergessen.

Aber man stelle sich diese bewegliche Kabine vor, diesen Fahrkorb aus Edelstahl oder Aluminium oder was auch immer, der vertikal über etliche Ebenen auf- und abfährt, wo sich Schiebetüren öffnen und schließen, sobald in einer Etage jemand auf den Aufzugknopf im Flur drückt, der schaukelt und rüttelt, auf Wohl und Wehe einem Tragseil anvertraut ist und in dem die Fingerabdrücke unzähliger Gäste auf den Edelstahlwänden der Kabine verewigt wurden. Man weiß nie, wer zu einem in die Kabine tritt, ob Mann oder Frau, wohlriechend oder nicht, gut gelaunt und freundlich oder misslaunig. – Nicht unbedingt ein Ort für romantische Gefühle! Man ist nie wirklich allein!

Doch dann ist da dieses gemeinsam alt gewordene Ehepaar, wie es in einem Augenblick, in dem es allein in diesem Fahrstuhl steht, nahe beieinander, den Augenblick dieses nicht wiederkehrenden Rendezvous' nutzt, um sich liebevoll in den Arm zu nehmen; ohne jede Begierde, nur mit dem Wunsch, die Nähe des anderen zu spüren. Ein Blick in die Augen des anderen, bis tief hinein in das Herz, in einem Nu; ein Kuss, so zart wie der Flügelschlag eines Schmetterlings. Sechzig Jahre verheiratet und jeden Tag neu ineinander verliebt.

Hier wird dieser metallene Käfig, den der eine aus Trägheit nutzt und der andere aus Angst meidet, zu einem Ort der Zuneigung und der Verehrung. Ich wage sogar zu sagen: Er wird zu einem Lehrort für jüngere Paare.

Der Dieb

„*Du sollst nicht stehlen; ... ehre ... die Mutter.*" *(Matthäusevangelium).*
„*Ihr sollt nicht lügen.*" *(Levitikus)*

Die Begebenheit muss sich im Jahre 1975 zugetragen haben. Wir begegnen in ihr einer fünfköpfigen Familie: Vater, Mutter und drei Söhnen. Der Vater ist Kantonsbeamter, die Mutter Hausfrau. Die drei Brüder, im Alter zwischen fünfzehn und zwölf Jahren, besuchen alle die Sekundarstufe I. Morgens gehen die vier Männer fast gleichzeitig aus dem Haus. Nach durchschnittlich sechs bis sieben Stunden kommen die Kinder aus dem Unterricht wieder nach Hause, manchmal zusammen, manchmal hintereinander. Der Vater kommt in der Regel mittags nicht nach Hause, die Mutter nimmt das Mittagessen zusammen mit ihren drei Söhnen ein. Sie hat es sich zur Angewohnheit gemacht, zwischen dreizehn und vierzehn Uhr auf dem Sofa im Wohnzimmer etwas zu ruhen. Häufig setzt sich einer der Söhne zu ihr. Die Mutter liest eine Zeitschrift, der Sohn ein Buch. Zusammen hören sie eine Radiosendung – was gerade so läuft. Einmal in der Woche Western- und Country-Musik.

Wenn der Vater der Mutter eine Freude machen will, bringt er ihr eine Packung Mon Chéri mit. Das Naschwerk steht dann immer auf dem Wohnzimmertisch. Sich selbst disziplinierend (und weil sie nicht vermögend sind) isst die Mutter während der Mittagspause immer nur eine mit Kirschlikör gefüllte Praline, während sie auf dem Sofa liegt. Bei einer Zehnerpackung kommt sie damit fast zwei Wochen weit. Den Kindern ist es aufgrund des Alkohols nicht gestattet, davon zu kosten.

Die Eltern haben Vertrauen in ihre Kinder.

An einem Montag im Sommer kommen die drei Brüder recht früh nach Hause. Der Mittagstisch ist schon eingedeckt. Während die Mutter noch die Salzkartoffeln aus der Küche holt und nach den zwei jüngeren Söhnen ruft, steht ihr Ältester im Wohnzimmer vor der Packung Pralinen. Ein einzelnes Stück Mon Chéri erregt seine Aufmerksamkeit. Verlockend liegt die Bitterschokolade mit der „Piemont-Kirsche" vor ihm.

„Können wir essen?" Seine Mutter setzt die Schüssel mit den dampfenden Kartoffeln auf einem Korkuntersetzer im Speisezimmer ab.

Als nach dem Mittagessen der Tisch abgeräumt ist, verschwinden seine beiden Brüder ein Stockwerk höher in ihren Zimmern. Die Mutter kümmert sich in der Küche um den Abwasch.

Den Ältesten jedoch zieht es noch einmal in das Wohnzimmer. Einige Sekunden kann er der Versuchung widerstehen. Er wirft einen kurzen Blick über die rechte Schulter, dann berühren seine Fingerspitzen die Praline. Der Reiz des Verbotenen ist übermächtig. Während der Geschmack des Likör sich mit dem der Halbbitterschokolade in seinem Mund vermischt, entflieht er in sein Zimmer.

Eine halbe Stunde später werden die drei Brüder zu ihrer Mutter ins Wohnzimmer gerufen. „Wer von euch hat mein letztes Stück Mon Chéri genommen?"

Wahrheitsgemäß beteuern die beiden jüngeren Brüder, dass sie keine Schuld trifft. Unwahr beteuert auch der ältere, dass er das Stück nicht genommen habe.

Die Mutter schweigt einen Augenblick, dann entlässt sie ihre drei Söhne in die Zimmer. Eine halbe Stunde lang bemüht sich der Dieb, sich aus der Tat kein Gewissen zu machen. Vergebens. Die Schuld ist erdrückend. Es dauert ihn, seine Mutter enttäuscht zu haben. Er fürchtet sich vor dem Zorn des Vaters.

Er beschließt, sich bei der Mutter zu entschuldigen und hofft auf Verzeihung. Er findet seine Mutter im Wohnzimmer, wie sie vor einer Tasse Kaffee auf der Couch sitzt. „Ich muss dir etwas sagen, Mama", beginnt er.

„Es ist gut, dass du kommst, mein Sohn!" Sie blickt in an.

„Ich habe deine Schokolade gegessen", beichtet er und wagt es nicht, den Blick zu erwidern.

„Ich weiß", sagt die Mutter.

„Wie kannst du das wissen?"

„Ich kenne dich. Du bist mein Sohn."

„Es tut mir leid."

„Das muss es auch."

Er weiß nicht, was er noch sagen soll. Es entsteht ein Schweigen

zwischen ihnen, das schließlich von der Mutter gebrochen wird: „Hol dir eine Tasse Kaffee und setzt dich zu mir. Ich glaube, heute läuft die Sendung mit der Country-Musik."
„Und Vater?"
„Das ist eine Angelegenheit zwischen dir und mir." Sie legt sich auf die Couch und deckt sich mit einer dünnen Baumwolldecke zu.

Die Braut

Gallien im ersten Jahrhundert vor Christus. Österreich, 5. Februar 2005. Ich begegne zum ersten Mal dem Italiener Vincenzo Bellini. Wiener Staatsoper. Ein Platz, ziemlich weit hinten, links, auf der Galerie. Nicht weit rechts neben mir ein Ehepaar um die vierzig, mit einem ungefähr zwölfjährigen Sohn. Links ein Mann um die siebzig, rüstig, mit rotblau gemusterter Fliege auf grauem Hemd. Im Konzertsaal wird es still. Jegliches Geraune verstummt, und einige hundert Augenpaare richten sich gespannt auf die Musiker, die ihre Plätze eingenommen haben. Das Einstimmen auf den Kammerton a beginnt. Die Oboe gibt den Stimmton vor und alle anderen Instrumentengruppen folgen. Die letzten leisen, raunenden Stimmen im Zuschauerraum verstummen. Allein ein leises Husten aus Richtung der ehemaligen Kaiserloge ist zu hören.

Plötzlich ist die Stille im Raum vollkommen. Der Dirigent tritt ins Scheinwerferlicht. Als sich Marcello Viotti verbeugt, bricht rasender Beifallssturm los, der nur langsam abebbt, als sich der Maestro zu den Musikern des Münchener Rundfunkorchesters umdreht und leise dreimal mit dem Taktstock auf das Notenpult schlägt und den Einsatz gibt.

Leise fangen die Geigen an zu singen. Der erste Akt der tragischen Oper *Norma* hat begonnen. Die Streicher. Weich erklingen die Sätze, wiegen sich sanft durch den Raum. Ich sehe sie, bevor ich sie höre: Edita Gruberová, die slowakische Sopranistin. Ehrenmitglied der Staatsoper, Sonderbotschafterin der Schweizer Freunde der SOS-Kinderdörfer.

Ich traue mich nicht, es jemandem zu gestehen, aber ich bin nur für ein ganz bestimmtes Holzblasinstrument gekommen, wie immer, wenn ich ein klassisches Konzert oder eine Oper besuche. Wir lieben und wir hassen uns. Durch mein Opernglas beobachte ich die Fagottisten. Sie handhaben ihre schweren Instrumente aus Ahornholz mit einer Leichtigkeit, wie ich es niemals zustande bringen werde. Geschwind hüpfen ihre Finger auf den Tonlöchern und Klappen hin und her. Die Lippen fest um das Doppelrohrblatt gelegt, das durch das Anblasen zum Schwingen angeregt wird.

Jeden Tag setze ich zuhause diesen wunderschönen schlanken Körper zusammen: Haube, Rohr, Flügel und Stiefel. Dazu den S-Bogen, darauf das Doppelrohrblatt, den Halsgurt in die Öse am Stiefel. Blind setze ich den Leib zusammen und nehme ihn wieder auseinander. Doch virtuos zu spielen vermag ich ihn nicht. Auf Wunsch der Eltern habe ich mich darum bemüht. Vergebens. Doch ich habe ihn liebgewonnen. Und ebenfalls die Fähigkeit erworben, ihn still und einsam zu verabscheuen.

1882 konnte man in einer Musikzeitung lesen: „Die Fagottbläser sind im Grunde gutmütig, äußerlich scheinbar lichtscheu und eingezogen, aber originell und wunderlich, humoristisch unter Bekannten. Bei herannahendem Alter auffallend gräulich. Ihr Fagott ist ihre Braut, sie freuen sich schon bei der Ouvertüre auf den fünften Akt, in welchem sie einen Takt Solo zu blasen haben."

Doch heute sitze ich hier alleine; die Braut war verhindert. Sie blieb zuhause.

Ich kann einfach nicht glauben, als man um mich herum zu applaudieren anfängt. Die Musiker haben soeben den ersten Akt beendet: *Perfido! — Or basti ... Vanne, sì: mi lascia, indegno!*

Die Menschen springen von den Plätzen, als sich Viotti verbeugt, der Saal tobt. Als jedoch die Kronleuchter aufflammen, beruhigen sich die Opernfreunde schnell und gehen in die große Vorhalle, um eine Erfrischung zu sich zu nehmen. Ich bleibe sitzen. Mein Herz klopft laut, wie immer. Zwanzig Minuten später sind meine Nachbarn für den zweiten Akt zurück – und alle anderen Freunde der Musik auf den Balkonen, der Mittelloge, allen Seiten und im Parterre.

Ich höre den Chor, ich höre die Solisten, doch ich träume, ich säße neben dem Kontrafagott, meine Braut diagonal vor meinem Körper, mit dem geziemenden Abstand, den Druck ihres Unterleibes an meinem rechten Schenkel spürend.

Später werden die Kritiker sagen, dass es sich bei diesem Konzert um eines der emotionalsten des italienisch-schweizer Musikers Marcello Viotti gehandelt hat.

Fünf Tage darauf wird er nach einem Schlaganfall in München zusammenbrechen. Am 23. Februar wird die Beisetzung folgen.

Achtundzwanzig Jahre früher hätte ich alles dafür gegeben, seine jüngste Schwester für mich zu gewinnen. Oh süße Liebe! Sie war vierzehn, ich sechzehn Jahre alt. Damals war ich gelegentlicher Gast im Hause Viotti. Isabelle...

Ich löse die Bremsen meines Rollstuhls und folge mit kräftigen Stößen dem alten Mann mit der blauroten Fliege auf grauem Hemd, der langsam die Galerie verlässt.

Le jeudi soir étant venu...

Au fond du lit, calés entre les oreillers, souvent seuls, les visites étant parties, telle est la situation des malades.

Ayant découvert l'existence de la radio interne, dont le modeste studio se trouve au sous-sol de la maison mère, l'équipe de « Concerto Grosso » a eu l'idée de créer une émission spécialement destinée aux malades alités. En effet, l'installation qui existe déjà depuis bon nombre d'années – et qui est en train d'être révisée – était peu exploitée : sœur Violette diffusait deux fois par semaine son émission « La prière du soir » (lundi et vendredi à vingt heures), le culte était transmis chaque dimanche à dix heures, mais entretemps : Sottens, Sottens et encore Sottens !

Étant mélomanes, nous envisagions donc une émission de musique classique qui serait diffusée chaque jeudi soir à vingt heures.

Rien de tel qu'une bonne heure de musique classique !

Alain Astori, notre ergothérapeute, avait déjà une certaine expérience dans le domaine de Radio Saint-Loup et il s'est proposé de nous lancer.

L'émission de lancement a eu lieu le 22 décembre 1981. À la fin de l'émission, qui était transmise entre 13 h 15 et 14 heures, nous avons lu ce proverbe : « Le désespoir est la plus grande de nos erreurs ! » Il était fort bien placé, ce proverbe, car notre émission n'avait pas été diffusée dans les différents bâtiments de Saint-Loup ; nous avions oublié de nous brancher sur le canal général !

Après de nombreux essais, et en nous perfectionnant lors de chaque émission, nous sommes arrivés aujourd'hui à cent trois émissions de « Concerto Grosso » – c'est ainsi que nous avons baptisé cette émission. Lors de chacune d'elles, les patients peuvent participer à un concours et gagner de beaux prix : un disque 33 tours, un livre d'une valeur variant de cinq à cinquante francs, ou bien un jeu d'échecs, des bonbons (don de Nestlé), etc. !

Nous avons malheureusement constaté que beaucoup de malades n'étaient pas au courant de notre émission. Chose étrange, car chaque patient qui arrive à l'hôpital reçoit une lettre d'information. De plus, un programme est imprimé chaque semaine et distribué aux malades par l'intermédiaire des infirmières dont la collaboration nous est non seulement précieuse mais indispensable ! Merci à toutes ces filles (et dames) qui informent leurs patients de l'existence de notre émission et qui enclenchent le haut-parleur dans les chambres, le jeudi soir étant venu...

Vous vous demanderez peut-être comment il est possible d'être élève-infirmier ou élève-infirmière et de trouver le temps de préparer une telle émission ? Et si pour cela nous sommes rétribués ? Non, bien sûr que non, nous ne le sommes pas ! C'est un travail bénévole que nous effectuons en dehors de nos heures de travail pour l'école ou l'hôpital : choisir les disques, les écouter une première fois, acheter des cassettes, effectuer les enregistrements (la radio est branchée sur un cassettophone...), taper le programme, le faire tirer (merci, monsieur Lehmann !) et le distribuer, puis passer une heure, chaque jeudi, inlassablement, dans le studio...

Il est vrai, cela coûte beaucoup d'énergie et de persévérance, mais la récompense est grande : un malade ou une sœur qui nous téléphone au 214 pour nous remercier... Le malade de retour à la maison, emportant son disque et qui nous écrit... La directrice de la communauté de sœurs qui fait agrandir le studio... Un don de cinq cents francs...

Que nous faut-il de plus ? La collaboration du personnel, certainement ! Et un mot d'encouragement, ici et là !

Tout ce texte pour vous dire : « Concerto Grosso » existe et « Concerto Grosso » existera encore bien des mois, même après la fin de nos études, au mois de septembre.

Collaborons donc tous pour que les patients puissent jouir du fruit de notre travail : Haendel, Bach, Rachmaninov, Poulenc, Elgar et bien d'autres compositeurs vous attendent, vous aussi, le jeudi soir étant venu... et cela même si nous parlons toujours d'une émission pour les patients.

Soyez donc nombreux à l'écoute et n'oubliez pas de renseigner les patients !

Liebesbekenntnis

Ich liebe sie! Seit meiner frühesten Kindheit bin ich ihr zugetan. Diese Verehrung habe ich mir mit meinem Vater geteilt. Er begehrte sie ebenso wie ich. Wettstreit gab es zwischen uns und trotzdem keine Gegnerschaft. Alles, was ich von ihr weiß, habe ich von ihm gelernt.

Wir haben gemeinsam ihre Formen studiert, die schlanken wie die dicken, die rundlichen wie die lang gewachsenen. Wir haben die Glatthäutigen liebkost, die Faltigen geehrt, die von Beulen Verunstalteten mit barmherziger Nachsicht behandelt.

Wir haben von den Frühreifen gekostet, den vorwitzigen, naseweisen, die sich im September nackt den begehrlichen Augen der Menschen zeigen. Widerwillig erwecken sie den Anschein, sich mit grünen Blättern bedecken zu wollen, doch von Scham keine Spur. Ihr Gelüst, gesehen, ausgewählt und betastet zu werden verbietet ihnen jede Zurückhaltung. Ihr Fleisch ist fest, ihre Farbe voller Freiheit. Trunken vor Lebensfreude, strotzend vor Selbstvertrauen, warten sie darauf, dass man sich für sie entscheidet.

Wir haben die Säumigen unter ihnen kennengelernt, die Begriffsstutzigen, die meinen, sie hätten alle Zeit der Welt, sich von den Händen einer Mannsperson streicheln zu lassen, die von gierigem Verlangen erfüllt ist. Schnell sind sie überfällig und vertrocknen, einsam und vergessen, ohne je einem Menschen zugetan gewesen zu sein. Mit ein wenig Glück stoßen sie auf einen Nimmersatten, der sich ihrer erbarmt. Zu ihnen hat mein Vater im Laufe der Zeit eine besondere Zuneigung entwickelt. Diese Verspäteten, wie er sagte, haben die längste Lebenserfahrung. Sie haben die Herbststürme des Lebens bereits hinter sich gelassen, nichts könne sie mehr erschüttern. Sie heimzutragen, sei jede Mühe wert.

Es war uns nicht genug, sie durch Zufall zu finden, meinem Vater und mir. Wir haben sie gesucht, bei jeder Gelegenheit, mit großer Ausdauer. Weite Wege haben wir dafür zurückgelegt, Spott und Hohn geerntet. Aber wie könnte anzügliche Spöttelei einen Liebenden aufhalten? Wir haben in Kauf genommen, dass man sich von uns abwendet. Wir haben mehr Zeit mit ihnen verbracht, als mit den eigenen Frauen.

Oh, wie waren wir begierig nach ihrem Saft, dem Geruch ihrer Pulpa, ihren festen Rundungen und feuchten Gruben. Wenn der Moschusduft mir in die Nase stieg, war keine Zurückhaltung angesagt.

Ein schäbiger Tor ist, wer an Wollust denkt, wenngleich unsere große Liebe doch mit Sinnesfreuden und Fleischeslust zu tun hatte. Sei's drum – mag dieser Mensch denken, was er will. Er wäre nicht der erste und wird wohl nicht der letzte sein. Mein Vater und ich wurden so oft belächelt, wenn wir voller Frohlocken taumelten, dass ein Missverstandenwerden nicht mehr schmerzt. Die Liebe erträgt alles.

Wieviel Zeit haben wir gemeinsam in der Küche verbracht, gemeinsam gekocht und gebacken, meine Freundinnen und ich! Ohne sie wäre ich dazu nicht fähig gewesen, es hätte mir sogar jeder Antrieb, jede Freude dazu gefehlt. Aber zusammen mit ihnen ist die Küche zu einem Ort geworden, an dem ich meine künstlerische Seite entdecken konnte. Zusammen mit ihnen komponierte ich Gemüsegratins, Suppen, Eintöpfe, Brot und Kuchen – gemeinsam haben wir das Kochen und Backen revolutioniert, es zu Augenblicken einer neuen Schöpfung erhoben. Während sie mich immer wieder mahnten, mich an die in toten Buchstaben gebundenen Vorschriften eines Kochbuches zu halten, schlugen in meinem Innern ausgefallene Eingebungen zu Geschmackszusammenstellungen für den Gaumen Purzelbäume. Nicht dass ausnahmslos alle Kreationen nach jedermanns Geschmack gewesen wären, aber wir verbrachten zusammen unglaublich spannende Stunden und schufen eigenwillige und erstaunliche Aromen ... die ich dann häufig alleine verkosten durfte.

Ich bin Menschen begegnet, die Fremdem zurückhaltend, oft sogar ablehnend gegenüberstehen. Alleine schon die unbekannten Vor- und Nachnamen meiner Freundinnen schreckten sie: Cucurbita Ficifolia, oder Cucurbita Pepo, um nur zwei zu nennen. Irgendwann fiel mir auf, dass meine Freundinnen und die meines Vaters immer den gleichen Vornamen trugen: Cucurbita. Vorsehung oder Zufall? Schon der melodiöse Klang des Rufnamens rollt auf der Zunge, wie eine übersüße Traube, von Wange zu Wange, bevor er, von der Zunge sanft gestupst an das Ohr eines Menschen vordringt. Cu | cur | bi | ta. Wunderbar.

In meinen wechselnden Beziehungen habe ich allerdings nur eines immer bedauert, nämlich dass sie von sehr kurzer Dauer waren. Außer Frage: Ich habe mich jedes Jahr immer wieder neu verliebt, oft mehrmals, aber jeder Abschied von einer lieben Freundin, fast immer in meiner Küche, wenn ein Werk vollkommen erschaffen und für gut befunden ward, fiel mir schwer. Ich habe mich nie daran gewöhnen können.

Es soll Menschen geben, die kaufen sie aus dem Katalog oder über das Internet. Ich selbst habe sie, ähnlich wie mein Vater vor mir, meistens beim Einkaufen oder beim Arbeiten im Garten getroffen, keck angesprochen – und gleich mitgenommen. Wer wagt, gewinnt...

Mit Entsetzen erfüllt mich, dass mittlerweile in allen sogenannten christlichen Ländern meine Freundinnen für heidnische Feste missbraucht werden, geopfert auf dem Altar fragwürdiger Narretei. Ich bin menschlichen, ausgelassenen Freuden gegenüber nicht abgeneigt, aber wenn meine Freundinnen mit einem gespensterhaften, keltischen Fest in Verbindung gebracht werden, während dem sich die Tore zur Unterwelt auftun und sich der Schleier zwischen den Lebenden und den Toten lüftet, dann hört der Spaß für mich auf.

Mein Vater ist nicht mehr, und ich bin mit meiner Liebe auf mich alleine gestellt. Ich muss zugeben, dass ich viele Jahre, aufgrund der Karriere und verschiedenen Beschäftigungen mit der Familie, wenig Zeit hatte, nach diesen Göttinnen in meinem Leben zu suchen. Jetzt, wo die Kinder aus dem Haus sind, schreite ich auf den alten magischen Wegen und beschwöre die fast vergessene Liebe wieder hervor. Ich bin mir sicher, dass sie diesmal ewig hält, wenigstens bevor ich selbst das Zeitliche segnen muss. Liebe ist eben nur für diese Erde gemacht.

Cucurbita, meine Leidenschaft. Cucurbita, meine Passion.

Mit von Abscheu geprägter Verachtung bedenke ich diejenigen, die meine Freundinnen spöttisch den Beinamen Kürbis geben. Um sich mit solchen Menschen zu beschäftigen ist mir meine Zeit zu wertvoll.

Der Priester

Der Priester ist Mitte fünfzig. Eines Morgens steht er im Badezimmer vor dem Spiegel und beobachtet sich selbst dabei, wie er mit dem rechten kleinen Finger, dessen Nagel etwas länger geschnitten ist als die übrigen, auf der Suche nach verdicktem Nasensekret ist. Er ist in dieser Tätigkeit geübt, sie geht ihm leicht von der Hand. Gewissermaßen ist er Profi.

Mit einer gekonnten Drehung, welche die gepflegte Oberseite des letzten Fingergliedes von der proximalen rechten Innenwand der äußeren Nasenhöhle zur distalen führt, sucht er nach den angetrockneten Ausflüssen. Er benötigt für diese feierliche Zeremonie gerade einmal fünf Sekunden. Mit Sekreten kennt er sich aus. Es sind immer besinnliche, stille Augenblicke, ob in der Messe oder im Badezimmer. Danach führt er diesen Ritus an der anderen, linken Nasenseite durch. Hier fällt ihm dies ein wenig schwerer, da er den rechten Unterarm schräg an seine Brust stützen, den kleinen Finger im 90-Grad-Winkel abspreizen und von unten kommend in das Nasenloch einführen muss. Es ist vorgekommen, dass er die Reinigungsbewegungen unkontrolliert, zu hastig, durchgeführt hat. Dabei hat er sich jedes Mal schmerzhaft mit dem rasiermesserscharfen Fingernagel die Schleimhaut des linken Nasenloches verletzt. Zehn Sekunden. Geübt ist halt geübt.

Popelessen findet er jedoch ekelig. Er hat Kinder während der Gottesdienste beobachtet, die mit Hochgenuss die Ausräumungen ihrer kleinen, zarten Nasen verspeisten. Manchmal zogen diese Zwischenmahlzeiten, ähnlich wie frisch gekochte Spaghetti, Fäden, die nicht enden wollten. Viele der kleinen Nasenbohrer ließen es sich nicht nehmen, Mutter oder Vater den Fund stolz zu zeigen, bevor sie ihn zwischen den gespitzten Lippen verschwinden ließen. Der unangenehme Nebeneffekt in solchen Situationen ist immer, dass die Eltern dem Kind in diesen Augenblicken eine uneingeschränkte Aufmerksamkeit widmen, weniger der Predigt, für die sie eigentlich in die Kirche gekommen sind. Das ärgert den Pfarrer. Er hat es sich zu eigen gemacht, in solchen Situationen die Predigt zu unterbrechen und von der

Kanzel herab mit strengem Blick das Kind zu mustern, bis dieses hastig den Popel schluckt, um dem kirchlichen Zorn zu entgehen. Besonders viel Unverständnis bringt er denjenigen Kindern entgegen, die sich an die gute christliche Lehre, die sie in ihrem Elternhaus und in den kirchlichen Mauern gelernt haben, erinnern, nämlich dass Geben seliger ist als Nehmen. Wenn er die kleinen, oft nicht ganz sauberen Finger sieht, wie sie sich abmühen, das kleine Häuflein Hautzellen, versetzt mit Staub und mit allerlei anderen Dingen, die ihren Weg in die Nase finden, möglichst mittig zu teilen, um Bedürftigen darreichen zu können, überkommt ihn, ganz Don Camillo, die Lust mit irgendeinem Gegenstand nach ihnen zu werfen, sei es mit der Bibel. Während seine eigene Mutter ihm noch beigebracht hat, dass Popel nie in der Öffentlichkeit zu verspeisen sind, da das keine Menschenseele appetitlich findet, scheinen die Eltern der heutigen Zeit keinen Wert mehr darauf zu legen. Dem Priester ist bislang noch niemand begegnet, der das Popel-Teilen begehrenswert findet. Süßigkeiten ja, Nasensekrete jedoch nicht.

Er selber hat Popel immer als gute Freunde betrachtet, mit denen man eine Zeit lang seinen Weg gemeinsam gegangen ist, sich von ihnen aber schließlich trennen muss. Popeln entspannt, popeln entlastet – im wahrsten Sinne des Wortes. Die Nase ist frei, es kann wieder ungehindert geatmet werden. Popeln ist wie Haare kämmen, Zähneputzen oder Rasieren, es gehört zur täglichen Körperpflege einfach dazu.

Als der Pfarrer ungefähr zehn Jahre alt war, konnte er sich von seinen Freunden nicht endgültig trennen. Jeden Abend vor dem Einschlafen, nach dem Nachtgebet, klebte er sie der Reihe nach an das Kopfende seines Kinderbettes. Braune, graue und schwarze Punkte auf mittelrotem Holz. Nachdem sich seine Mutter mit dieser Vorgehensweise wiederholt nicht einverstanden erklärt hatte, fanden sie schließlich regelmäßig den Weg in ein Papiertaschentuch, das er selbst entsorgen musste. Stofftaschentücher für dieses Ritual zu nutzen war streng verboten, da die Mutter beim Bestücken der Waschmaschine keine Lust verspürte, in die Ansammlung der kleinen Freunde ihres Sohnes zu greifen.

Gleich nach den Popel essenden kleinen Kindern rangieren für den Priester männliche (oder weibliche) Autofahrer, die an der roten Ampel stehen und umständlich in der Nase bohren. Anscheinend haben sie vergessen, dass das Auto rundum aus Fenstern besteht, durch die jeder hineinsehen kann. Besonders ekelerregend erscheint ihm die Manier einiger, die Ergebnisse der Bohrung mit dem Daumen ins Auto zu schnipsen, wenn die Ampel auf Grün springt. Insgeheim führt er eine Liste mit diesen Autonummern und hat sich geschworen, hier nie mitzufahren. Einmal hatte er einen Mann beobachtet, der die Ergebnisse seiner Bemühung am Lenkrad abstreifte (so wie er vor 45 Jahren am Bett). Er hatte sein Fenster heruntergelassen und gefragt, ob der andere dies nicht ekelerregend fände. Der andere hatte einen langen Blick auf das Kollar des Priesters geworfen, sich demonstrativ eine Sonnenbrille aufgesetzt und geantwortet, dass er blind sei und die Blindenschrift am Lenkrad ab und zu erneuern müsse.

Am Straßenrand hatte ein schmutziges kleines Kind gestanden und – ohne sie zu verstehen – der Diskussion mit Interesse zugehört.

Er schaut in den Spiegel und sieht wie das letzte Glied seines kleinen rechten Fingers die Nasenwände ein abschließendes Mal ausbeult. Vollkommen entspannt rollt er eine übriggebliebene kleine Kugel zwischen Daumen und Zeigefinger. Dann reißt er ein Stück Toilettenpapier von der Rolle und versenkt seinen Freund für immer in der Toilettenschüssel.

Er lächelt. Man kann durchaus zölibatär leben und dennoch gepflegt sein. Er knüpft sein schwarzes Kollarhemd zu. Die vielleicht fünf Millimeter lange feine, weißliche Schleimspur, die sein kleiner Finger dabei auf der rechten Kragenseite hinterlässt, entgeht ihm auf dem Weg zur Frühmesse, die wenigstens frei ist von kleinen Popel essenden Kindern.

Accident mortel

Cet accident a nécessité l'intervention de six policiers de la police municipale de Lausanne. Mais je n'ai pas vu, et j'en ai été étonné, de sapeurs-pompiers ou d'ambulanciers. Pourtant le trolleybus blanc-bleu de la ligne 21 (Lausanne-Gare - Blécherette) a percuté trois voitures stationnées et s'est arrêté finalement sur le trottoir. C'est-à-dire pas tout à fait : l'arrière de la remorque, avec sa roue droite, semble avoir sauté au-dessus du bord du trottoir, directement à côté d'un passage piéton. Les deux aiguilles ont sauté de la bifilaire au-dessus de la chaussée et pendent tristement dans l'air, déperchées. Encore heureux qu'aucun passager n'ait été impliqué dans cet accident, ni la conductrice d'ailleurs. Tout le monde a pu quitter le trolleybus sans blessures. Dieu merci !

Mais qu'est-ce qui est arrivé avec les gens qui se sont trouvés au feu de circulation et qui ont voulu traverser l'avenue de la Gare ? Personne ne le sait encore vraiment. Une grande foule s'est amassée devant le trolleybus. Les voix sont agitées, fortes, hystériques. Apparemment on pense qu'une personne a été fauchée par le bus. « Mon Dieu ! Mon Dieu ! »

Une femme avec une poussette écarte une petite fille au foulard gris pour obtenir une meilleure vue sur le lieu d'accident. La petite, muette, se laisse faire. Elle se tient immobile dans la foule, une laisse dans sa main. Comment est-ce que cet accident a pu se passer ? À l'heure de pointe. Pensez donc ! Tout ce qui aurait pu se passer ! Imaginez voire ! La conductrice du trolleybus tremblote. « Je ne l'ai pas vu ! Misère, misère ! »

Les gyrophares bleus des trois voitures de police tournent nerveusement. Les véhicules ont coincé le trolleybus par devant et par derrière, comme pour le protéger. Deux policiers se penchent sous la remorque. « Un caniche », dit l'un des deux. « Heureusement seulement un caniche ! »

J'entends une voix de femme qui appelle dans la foule :
« Samira ! Samira ? »

Ein Novemberabend

Der letzte Novembertag geht zu Ende. Still und stumm liegt der winterliche Wald vor dem Mann. Die Bäume tragen weiße Häubchen, sind eingehüllt von einem dichten Wintermantel. Mutter Natur hat ihr Gewand gewechselt. Bedeckt von Schnee und Eis schweigt die Landschaft.

In Gedanken versunken stapft der Mann durch das gefrorene Weiß, das unter seinen Schritten knirschend bricht. Mühsam bahnt er sich einen Weg durch den abendlichen Wald. Ein kalter Wind spielt in den Baumwipfeln, zarte Flocken fallen auf den Wanderer herab. Glitzernd brechen sich die letzten Sonnenstrahlen in den Eiskristallen, tauchen den ganzen Wald in ein Meer goldgelben Lichtes. Eiszapfen hängen in vielfältiger Größe und Dicke an den Ästen. In den Bäumen hocken Krähen, die auf ihn herunterkrächzen.

Schließlich erreicht er eine stille Waldlichtung. Zwei Rehe zupfen Heu aus der hölzernen Futterkrippe, springen erschrocken ins knackende Unterholz, als er auf die verschneite Wiese tritt. Sein Blick schweift umher und bleibt an einem Bäumchen hängen. Die klammen Finger umfassen den Stiel seiner Axt, einige dumpfe Schläge, die kleine Tanne fällt und verbreitet eine Wolke feinen weißen Pulvers.

Mit dem Bäumchen unter dem Arm macht er sich in schneidender Kälte auf den Heimweg. Fern rauscht ein Wildbach und bellt ein hungriger Fuchs. Dann umgibt ihn wieder Stille. Nun hat auch die Sonne ihren tiefsten Stand erreicht, sie verliert ihre Kraft. Er bleibt stehen, zündet sich mit kalten Fingern eine Pfeife an und schmaucht einige Züge. Der Duft des Tabaks zieht mit dem Wind davon.

Als er aus dem Wald tritt, ist es schon dunkel geworden. Die Umrisse des Juras werden schwarz. Der Mond beginnt als Sichel seinen nächtlichen Rundgang. Unzählige Sterne leuchten über ihm, werfen ihr mattes Licht auf die Erde. Mittlerweile hat es auch wieder zu schneien angefangen. Mit einmal ist es finster. Leise, ohne einen Laut, schweben die Flocken herab.

Eine schwarze Amsel hat den Kampf gegen den Winter verloren. Erfroren liegt sie auf dem Weg im hartgefrorenen Laub.

Endlich entdeckt der Mann auch die hell erleuchteten Fenster seines Hauses. Als er die Tür öffnet, schlägt ihm Vorweihnachtsstimmung entgegen. Gleichmäßig tickt die große Standuhr, aus der Küche kommt ein Duft von Gebäck und von frischem Brot, Kerzen brennen. Er ist wieder daheim, geborgen in behaglicher Wärme.

Dezember im Jura bricht an.

Gefallen für das Vaterland

Hier liegst du, Soldat, gefallen für das Vaterland! In der Brust die tödliche Kugel; den einen Arm ausgerenkt, den anderen von den Splittern einer Granate zerfetzt. Hier liegst du; um dich herum deine Kameraden, zerstückelt wie du selbst.
Was hast du errungen, Soldat?
Ehre? – Nein!
Ruhm? – Vielleicht.
Den Tod? Gewiss, Soldat, ihn schon!
Wie viele Menschen hast du getötet? Wie viele Väter umgebracht? Wie viele Brüder sind unter deinen Kugeln gefallen? „Feinde". So nanntest du sie: „Feinde"! Man wird dir nachträglich ein Kreuz des Mutes und der Selbstlosigkeit verleihen. Wohin willst du es stecken? An deine Brust, die sich nicht mehr hebt noch senkt? An deine zerrissene Uniform? Nun, Soldat, liegst du hier im Staub und deine gebrochenen Augen blicken noch ganz überrascht ins Leere. Erstaunte dich dein Tod so sehr? Hieltest du dich für unsterblich?

Was soll ich deinen Eltern sagen, Kamerad? „Er litt nicht"? „Er hat nichts gespürt"? Deine Mutter wird es nicht glauben und dein Vater wird still das kalte Zimmer verlassen. Kein Sohn mehr, der Holz hackt, kein Sohn mehr, der mit zur Ernte fährt.

Hier liegst du und niemand schaufelt dir ein Grab. Da ist keiner, der dir die letzte Ehre erwiese! Allein trotz aller Kameraden, die mit dir fielen. Allein!

War da nicht der Junge, der singend in den Krieg zog? War da nicht der junge Mann, der von Treue und Pflichterfüllung sprach, und ... war da nicht der Mann, der nach dem ersten Heimurlaub einen Verlobungsring mitbrachte? Jetzt scheinst du zu schlafen; wäre nicht der gequälte Ausdruck in deinen Augen, man würde glauben, du ruhtest aus. Du hast wieder das Gesicht, wie damals, als du klein warst und bei deinen Eltern Schutz suchtest.

Wenn deine alte Mutter dich so sähe! Nein, schöner bist du im Tode nicht geworden, Soldat. Das geronnene Blut verleiht dir etwas Maskenhaftes!

Gefallen für dein Vaterland! Vielleicht ist es besser so; wenigstens siehst du nicht das Leid und das Elend, die wie eine zweite Woge über das Land schwemmen, in dem du geboren wurdest. Bist du zufrieden, Kamerad? Hat sich der Kampf gelohnt? Die damals stolze Uniform sagt „ja", doch dein müder Blick straft sie Lügen. Ich glaube ihm, Soldat, ich glaube deinem Blick. Er ist das einzige aufrichtige, was dir geblieben ist! Jetzt ruhst du – so ruh in Frieden!

Warum wird der Mensch immer erst im Tode klug?

Nebel über Payerne

Dichter Nebel liegt über Payerne, schiebt sich in die Straßen und Gassen, umhüllt alles wie mit einem Leichentuch. Im Herbst und im Winter verschwindet La Broye – und mit ihr Payerne – immer wieder regelmäßig unter einem dicken, feuchten Nebelmantel. Der ist oft so dicht, dass er die Landschaft verdunkelt. Es ist ein merkwürdig lichtes Dunkel. Dann kommt es vor, dass man die Hand vor Augen nicht mehr sehen kann. Es ist nicht außergewöhnlich, dass sich die Nebeldecke gleich mehrere Tage hintereinander über die Region legt.

In der Ferne schlagen die Glocken der alten, ehrwürdigen Abteikirche: siebzehn Uhr! Während ich langsam den nassen Bürgersteig entlang schlendere, vorbei an Häusern, die sich aus Scham grau verhüllt haben, werden die letzten Schläge der Kirchenuhr durch das kreischende Heulen zweier Kampfjets auf dem nahegelegenen Militärflugplatz überlagert.

Regungslos und stumm, ja, traurig, so stehen die Anwesen in einer engen Reihe – zwischen ihnen die Straße. Die Gassen sind vom Regen sauber gespült, träge fließt das dreckige Wasser den Rinnstein entlang, trägt den Staub des Tages und welke Blätter mit sich davon, bis alles gluckernd im Gulli verschwindet. Ich biege in die Rue de la Bergerie ein, stehe einen Moment still da. Diffuses Licht aus einer Haustür, keine fünf Schritte von mir entfernt, durchdringt die zähe weiße Masse. Schatten auf zwei Beinen eilen an mir vorbei; einer streift mich am rechten Ärmel. Ich folge der Rue de Vuay und überquere La Broye, den Fluss, der die Stadt in zwei Hälften teilt.

Ich frage mich, ob man Nebel riechen kann. Da er jedoch nur aus Wassertropfen besteht und Wasser geruchs- und geschmacksneutral ist, bilde ich mir nach dem Überqueren des Flusses wahrscheinlich nur ein, er transportiere das Aroma von totem Fisch und beißendem Kerosin.

Ein Hund bellt in einem Haus, ein Auto hupt in der Ferne. Der Dunst dämpft selbst diese Geräusche. Aus dem MacDonald riecht es verlockend gut nach Pommes Frites und Chicken Nuggets. Auch Payerne ist vom Fastfood nicht verschont geblieben. Das kleine Schaufenster eines Schuhgeschäfts in der Grand'Rue ist hell erleuchtet, bunte Leuchtreklame flackert in der Auslage.

Ich verlasse die Grand'Rue wieder und tauche in das Dunkel einer kleinen Nebengasse, der Rue du Portail ein. Überall der gleiche Nebel: Ich kann immer noch nicht die Hand vor Augen sehen. Ich stolpere über einen Stein, der auf den Bürgersteig gefallen ist. Fluchend lehne ich mich an einen Gartenzaun und reibe meinen misshandelten Zeh. Eine dicke Ratte huscht über den Weg, verschwindet in einem Vorgarten. Ich kann mir nicht helfen: Von dem Flüsschen her riecht es nach Öl, Tang und modrigem Holz. Alles nur Einbildung, sage ich mir, denn bei Tageslicht führt die Broye in ihrem breiten und flachen Flussbett meistens kristallklares Wasser.

Vorsichtig laufe ich weiter. Irgendwo schimpft eine Frau, eine Männerstimme stimmt in das Gezeter mit ein. Dann wird alles wieder still. Ein Regentropfen fällt mir auf die Nase, ich wische ihn mit dem Ärmel fort. Es ist kühl und ich beginne zu frieren. Ich ziehe den Schal, den du mir gestrickt hast, fester um meinen Hals. Er trägt noch deinen Geruch. Wie lange ist es her?

Vom Militärflugplatz der Schweizer Luftwaffe her schreit noch einmal kurz das Triebwerk einer F/A 18 Hornet auf. Aggressiv, böse. Ich kenne das Wappen der hier stationierten Fliegerstaffel: ein roter Falke auf weißem Grund mit einer schwarzen 17 rechts unten im Emblem.

Am 29. August 2016 stirbt in eben solch einer Maschine der Pilot David Sacha Goldiger im Alter von siebenundzwanzig Jahren, als seine Maschine gegen einen Felsgrat prallt.

Aventures douanières

« Comment vas-tu faire pour passer la douane avec le vin ? » me demanda ma femme.

Nous roulions sur l'autoroute allemande en direction de la Suisse. Jusqu'à la frontière bâloise il ne restait guère plus que cinq kilomètres à parcourir. Comment les femmes peuvent-elles toujours être aussi inquiètes face à des situations minables, comme celle de passer en fraude trente bouteilles de vin de dessert !

« De la diplomatie, mon amour », répondis-je et j'enclenchai la radio.

« Laisse-moi faire et ne dis surtout rien ! Ce n'est pas une affaire pour femmes ! Nous autres, les hommes, avons le vrai "feeling" pour cela. Regarde René, n'a-t-il pas su passer un tapis turc sans le déclarer ? »

Mon épouse murmura quelque chose comme « t'es pas ton frère », puis se tut. Savait-elle si bien que je ne discute pas une décision prise !

« De toute façon, avec tout ce trafic, on nous fera passer sans contrôle », dis-je, pensant chasser ainsi son scepticisme.

En m'approchant du poste de contrôle, cet espoir s'évanouit d'un seul coup. Une seule piste était ouverte et toutes les voiture furent arrêtées.

« Restons calmes », dis-je en souriant. « Il fait beau et les douaniers sont certainement de bonne humeur. »

« Espérons-le », répondit ma femme.

Comment pouvait-elle être si pessimiste ? Une Mercedes démarra devant nous. Puis c'était à nous. Le fonctionnaire en gris se pencha vers moi :

« *Grüezi. Bringen Sie Waren mit?* »

Je souris bêtement.

« Navré. Je ne parle pas l'allemand ! »

René m'avait conseillé avant ce voyage de ne surtout pas leur faire comprendre que je comprends parfaitement cette langue.

« Je vous demandais si vous importez des marchandises. »

Ma femme me fit un clin d'œil que je qualifierai d'ironique. Ma première tactique était tombée à l'eau. Je ne pouvais désormais plus jouer sur l'incompréhension.

« Tabac, alcool, viande ? » insista l'homme en uniforme, rendu impatient sans doute par mon mutisme.

Que m'avait dit mon frère ?

« En blaguant, tu endormiras la méfiance chronique des douaniers. Mais ne fais pas de plaisanterie à leur sujet ! »

« De la viande ? » souris-je donc. « Je suis végétarien. Je ne mange que les limaces dans la salade verte. »

Un sourire froid, quoique poli, me fit taire, tandis que le fonctionnaire feuilletait nos passeports.

« Rangez-vous droit devant, s'il vous plaît ! »

Ma femme attrapa le hoquet.

« Quelque chose ne va pas avec nos papiers ? » demandai-je.

« Simple contrôle de routine. »

Encore ce sourire trop poli pour être honnête... Je fronçai les sourcils, mais obéis.

« Veuillez ouvrir capot et coffre ! »

Le douanier empocha nos papiers. J'arrêtai le moteur et sortis. Après avoir jeté un rapide coup d'œil sur le moteur de ma vieille Toyota, il contourna la voiture et regarda dans le coffre. Rien à craindre ! Les bouteilles de vin se trouvaient à l'arrière de nos sièges, dans l'habitacle du véhicule. Le coffre ne contenait que des affaires de voyage.

« Je vous remercie ! » Il enfonça sa main droite dans la poche où se trouvaient nos papiers.

Mon visage se détendit et un sourire se peignit autour de mes lèvres. Un petit rire de satisfaction personnelle m'échappa. Mon frangin avait eu raison : si l'on est assez intelligent et « cool », comme disent les jeunes, on peut passer n'importe quoi à la frontière. J'avais réussi !

J'ouvris la portière gauche pour me réinstaller au volant quand le gardien frontalier me rappela.

« Un moment encore, s'il vous plaît ! »

Je me retournai.

« Oui ? »

Rebecca fut soudainement prise par une quinte de toux. Je n'osais penser ce qu'elle voulait dire par là...

« Le pot d'échappement me paraît bien neuf », observa le

fonctionnaire logiquement. « Sans doute l'avez-vous fait monter en Allemagne ? »

Évidemment. – Avec l'échange monétaire et la valeur du *Deutsche Mark*, n'aurais-je pas été idiot de confier ma voiture à un garagiste vaudois ? Au prix où en était l'heure de travail ? J'avais économisé bien une centaine de francs !

« Pourquoi ne l'avez-vous pas déclaré ? » interrogea l'autre.

Je me sentis pris.

« Vous n'oubliez sans doute jamais rien ? »

La rage monta en moi. Le douanier ne répondit pas. Un deuxième le rejoignit. Les choses se gâtèrent sérieusement pour moi ! Je me sentais si minable face à ma femme, dont les yeux gris tournaient au vert. Mauvais signe...

Faisant les cent pas, j'évitai de regarder les quatre hommes en combinaison bleu foncé qui démontèrent minutieusement ma voiture. Ils ne trouvèrent pas seulement notre vin et le pot d'échappement allemand, mais encore les quatre kilos de rôti de porc, les cinq cents grammes de tabac danois et le collier de véritables perles que j'avais acheté pour ma bien-aimée compagne.

En faisant le compte aujourd'hui, je me donnerais des coups de pied au derrière, si je le pouvais ! Si j'avais déclaré les trente bouteilles de vin, j'aurais payé dix fois moins de ce que j'ai dû débourser pour l'amende !

Mais toute ombre est étroitement liée à un rayon de soleil. Cette expérience si coûteuse a changé complètement ma vie ! J'écrase chaque jour ma fierté masculine et suis les conseils de mon épouse sans discuter. – Surtout : je n'écoute plus les conseils de mon petit frère !

Car je ne suis pas né trafiquant ! – Je suis honnête, moi !

Eingebrochen

Es wird Abend, die Sonne hat ihren tiefsten Stand erreicht. Glitzernd brechen sich ihre Strahlen in den vielfältig geformten Kristallen und färben die endlose Eisfläche goldgelb. Ein leichter Wind streicht durch die schneebedeckten Äste der kahlen Bäume und ich freue mich auf eine warme Stube. Da vernehme ich plötzlich einen schwachen Schrei. Ich bleibe stehen, lausche, doch der Wind trägt alle Laute mit sich davon. Trotzdem laufe ich zum See zurück – und richtig – wieder ruft jemand um Hilfe.

Ich setze Fuß vor Fuß. Keuchend erreiche ich das Ufer. Die Situation, die sich meinem Auge bietet, ist dramatisch. Ein kleines Mädchen ist durch die dünne Decke des Eises gebrochen. Mit klammen Fingern hält es sich am Rand der Einbruchsstelle fest. Türkis schimmert das kalte Wasser durch das Eis, warnt vor dem Betreten. Beschwörend raschelt das Schilf, kalt droht der Schnee: „Geh nicht aufs Eis!"

„Mein Gott", schießt es mir durch den Kopf, „warum sind Kinder nur so schrecklich unvorsichtig?"

Ich friere und doch perlt mir unversehens der Schweiß auf der Stirn. Irgendwo bellt ein Fuchs. Schreiend streicht ein Uhu über die schneebedeckten Wipfel. Es dämmert. Ich sehe mich nach einem passenden Gegenstand um, den ich dem Mädchen zuwerfen oder zuschieben könnte. Doch ich finde nichts. Kein Stück Holz, keinen Ast. Hastig beginne ich am Seeufer zu suchen. Mühsam stapfte ich durch die hohen Schneewehen und finde in meiner Not nichts Geeignetes. Ich fühle mich schrecklich hilflos und armselig. Die Zeit verrinnt, wertvolle Zeit. Wie lange kann ein Mensch im eiskalten Wasser überleben? Als ich schon alle Hoffnung aufgebe, entdecke ich einen langen, bizarr geformten Ast, dessen Zweige seltsam verflochten sind. Er scheint mir, für das, was ich vorhabe, geeignet. Halb verdeckt durch einen Schneehügel liegt er da. Ich zerre ihn durch den Schnee ans Ufer, schiebe ihn vorsichtig aufs Eis.

Die Sonne ist schon fast untergegangen, als purpurrote Scheibe versinkt sie am Horizont. Ich beginne, auf dem Bauch über das knackende Eis zu robben. Zentimeter um Zentimeter schiebe ich mich vorwärts.

Dann habe ich die Einbruchsstelle erreicht. Zackig ausgebrochen liegt das Loch eine Armlänge vor mir. Das Mädchen kann sich kaum noch halten. Ihre Tränen sind zu kleinen Eisperlen gefroren. Ich fasse seinen Arm und bewege mich langsam zurück. Ich versuche meine Ellbogen nicht einzusetzen, sondern ganz langsam zu rutschen. Schließlich haben wir es geschafft... Flach auf dem Bauch liegt das Kind auf dem rettenden Holz. Das Eis hat jetzt das doppelte Gewicht zu tragen. Risse bilden sich.

Der aschgraue Erdtrabant beginnt seinen allnächtlichen Rundgang am Himmelszelt, unzählige Sterne werfen ihr mattes Licht auf die ruhende Erde, als wir endlich das Ufer erreichen. Ich bin total durchgefroren, kann mich kaum noch bewegen. Doch ich schaffe es, das Mädchen und mich an Land zu ziehen. Stumm, mit geschlossenen Augen liegt sie da, ihre blaugefrorenen Finger in den starren, gefrorenen lila Anorak gekrallt. Ein gelbes Pokémon mit schwarzen Ohren zwinkert mich an. Ich ziehe meine gefütterte Jacke aus und hülle das Kind darin ein.

Dann nehme ich die Kleine auf und mache mich auf den Weg zu meinem Auto. Zurück bleibt der See, vor mir liegt der verschneite Weg, der durch den dunklen unheimlichen Wald führt, durch den ich noch gehen muss. Ich setze Fuß vor Fuß. Jeder Schritt fällt mir schwer.

In meinem Kopf erwacht die Stimme meines verstorbenen Vaters wieder zum Leben: „Ich will, dass ihr drei Jungs Rettungsschwimmer der SLRG werdet! Wer weiß, vielleicht könnt ihr einmal jemandem helfen. Man weiß nie." Die Prophezeiung eines Vaters!

Das kleine Mädchen in meinen Armen regt sich nicht mehr. Und der Weg zum Auto ist noch so weit...

Abschied von einer verwirrten alten Frau

Sie war die jüngste Schwester des Vaters. Geboren 1937. Nach einer schweren Unterleibsoperation in ihrer Jugend hatte sie beschlossen nie zu heiraten. Obwohl sie gerne eine eigene Familie gehabt hätte. Fast das ganzes Leben hat sie bei ihren Eltern und ihrer älteren Schwester, die ebenfalls unverheiratet geblieben war, gewohnt. Sie hat den Haushalt gemacht, ist einkaufen gegangen, besaß als einziger einen Führerschein in der Familie. Als bei ihrem Vater mit vierundachtzig Jahren ein Panzerherz diagnostiziert wurde, hat sie ihn zu Hause bis zu seinem Tode gepflegt. Einige Jahre später erkrankte ihre Mutter an Magenkrebs. Erneut übernahm die Tochter die häusliche Versorgung bis zum Ableben der Mutter. Übrig blieb nur ihre vier Jahre ältere Schwester, eine ehemalige Grundschullehrerin, seit gerade einem Jahr in Pension. Das Schicksal führt uns manchmal unerklärliche Wege. Ihr Bruder, mit dem sie sich gar nicht verstand, pflegte manchmal zu sagen, dass *Schicksal* nur ein Pseudonym Gottes ist, wenn dieser unerkannt bleiben will. In diesem Fall muss man sagen, dass Gottes Wege häufig von den menschlichen Pfaden abweichen. Oder wie das Heilige Buch es ausdrückt: „Denn meine Gedanken sind nicht eure Gedanken, und eure Wege sind nicht meine Wege, spricht der Herr." So kam es, dass die alt gewordene Pädagogin an Nierenkrebs erkrankte und sich einer zwölfstündigen Operation unterziehen musste, von der sie sich nie mehr richtig erholte. Fast ein halbes Jahr verbrachte sie in einer Universitätsklinik, bis auch sie starb. Ihre Schwester besuchte sie dort jeden Tag.

Die unangenehme Seite dabei war, dass letztere eifersüchtig über ihre Schwester und die gesamte leidvolle Situation wachte ... und herrschte. Besuche waren generell mit ihr abzusprechen und sie bestimmte, wer mit wem und wie lange an das Bett der Todkranken durfte. Eigentlich hatte sie das Besuchsrecht ganz einfach geregelt: Niemand durfte ins Krankenzimmer, ohne ihre Anwesenheit. So kam es, dass sich ein Teil der Familie immer mehr von ihr zurückzog. Schlimmer: In den Herzen entstand ein ernstes Zerwürfnis.

„Jetzt habe ich sie alle bis zu ihrem Tode gepflegt", äußerte sie kurz nach der Beerdigung ihrer Schwester. „Was soll ich jetzt noch hier?" Später, als sie die elterliche Wohnung nur noch allein bewohnte, beschloss sie, zu ihrem jüngsten Neffen, einem Sohn ihres Bruders, zu ziehen. Dort schottete sie sich seelisch und praktisch von Monat zu Monat mehr ab. So blieben die ersten Anzeichen ihrer Demenz der Familie weitgehend verborgen, denn der Verwandte konnte die entsprechenden Symptome nicht deuten. Als er jedoch vermehrt in der ganzen Wohnung versteckte Kotkügelchen in allen Größen fand, fing er an, sich Sorgen zu machen. Eine Einmischung der Familie in diese eheähnliche Gemeinschaft Tante-Neffe verbaten sich beide allerdings energisch.

Nach kurzer Zeit führte ihn sein Beruf in den Süden des Landes. Zurück blieb eine verwirrte alte Frau. Als der Zustand in der Mietwohnung unhaltbar wurde, wurde sie, entgegen der Bitte der restlichen Familie, an ihrem Wohnort zu einer jungen Familie mit kleinen Kindern gebracht, die mit dem Neffen lose befreundet war. Auch dieser Aufenthaltsort war nur von kurzer Dauer, denn die Ehe der Freunde zerbrach. So blieb nur der Einzug auf eine Demenzstation in einem Pflegeheim. Die gesetzliche Betreuung übernahm ihr Lieblingsneffe. Das wenige Eigentum, das sie noch hatte, wurde aufgelöst.

Der geistige Zustand der alten Dame verschlechterte sich in einem atemberaubenden Tempo. Schon nach wenigen Wochen im Heim fing sie an, niemanden mehr zu erkennen, selbst ihren Lieblingsneffen nicht mehr. Sie verlor ihren geregelten Tag-Nachtrhythmus, lief den ganzen Tag im Flur auf und ab, unterhielt sich mit jedem sehr freundlich, ohne dass man sie verstand. Manchmal kam ihr ein altes Sonntagschullied in den Sinn: „Gott ist die Liebe!" Diesen Liedvers sang sie einmal, zweimal, hundertmal. Das Pflegepersonal verzweifelte. Der Neffe sah schließlich von Besuchen ab.

Und plötzlich, an einem Dienstagabend, kam die Nachricht, dass sie im Sterben läge. Ihre Atmung sei schon unregelmäßig, doch sie sei sehr ruhig. Am 28. Februar um dreiundzwanzig Uhr dreiundfünfzig starb sie, nur sieben Minuten vor der nächsten fälligen Rentenzahlung.

Entgegen meiner ersten Reaktion, nicht zur Beerdigung zu fahren, machte ich mich an dem Sonnabend nach ihrem Tod doch auf den Weg zum Friedhof. Fast dreihundert Kilometer, fast vier Stunden Autofahrt für einen Menschen, der sich von der Familie losgesagt hatte. Ich machte mich auf den Weg, trotz meiner Überzeugung, dass man sich um die Lebenden und nicht um die Toten kümmern sollte. Ich machte mich auf den Weg, obwohl ich mir wie ein Heuchler vorkam. Ich saß im Auto und empfand keine Trauer.

Die Trauerfeier fand in der Friedhofskapelle statt, nur einige hundert Meter von dem Pflegeheim entfernt, in dem sie gestorben war. Zusammen mit dem Pastor waren wir ganze dreizehn Personen. Der Pastor hatte seine Frau mitgebracht, damit die Trauergemeinde größer sei. Kein Orgelspiel, kein Gesang. Der einfachste, schlichteste Sarg, den ich je gesehen habe. Ein bescheidener, kleiner Blumenschmuck, angebracht an dem Fußende der Totenlade. Zwei Gebete, zwei Bibeltexte in der Kapelle, ein Bibelwort am offenen Grab. Eine kurze Rückschau auf ihr Leben, ein Leben der Selbstaufopferung, ein selbst gewähltes Martyrium, das in schrecklicher Einsamkeit auf dieser Erde endete. Ihre latente Schwermütigkeit, die sie ihr Leben lang begleitet hatte, hatte ihr weit die Tür für eine Flucht in den Wahnsinn geöffnet. Sie hatte die für sie so kalte Wirklichkeit nicht mehr ertragen können und beschlossen, aus der Realität auszubrechen.

Nach der Beerdigung informiert der Neffe die anwesenden Familienangehörigen, dass das Sozialamt die Kosten nicht übernehmen würde. Dafür müsse die Familie aufkommen. Alleine sei die Bestattung für ihn nicht bezahlbar.

Zurück führte mich der Weg über das Rothaargebirge. Ein Wintersportgebiet. Ich war vorher noch nie hier gewesen. Eine holländische Exklave mitten in Deutschland: Vor mir, hinter mir, auf den Parkplätzen – nur Fahrzeuge mit gelbem Nummernschild. An den Straßenrändern lag noch schmutziges Weiß, in kleinen, nassen, traurigen Häuflein. Auf die Wiesen und zwischen die Felder hatten Schneekanonen in großer Verzweiflung künstlichen Schnee geblasen. Es mutete burlesk an, wie die Menschen dort auf vier oder fünf Meter breiten, verharschten Pisten Ski fuhren, possenhaft inmitten der grünen Teppiche. Als ich morgens am Beerdigungsort angekommen war, waren es neun

Grad. Hier oben zeigte das Thermometer mittags fast sechszehn Grad. Winterberg, Wettkampfort von Weltcuprennen des Bob- und Rennrodelsports...

Die Rückfahrt erschien mir wie eine Urlaubsreise. Die Sonne schien. Ich dachte mir, dass es im Sommer wunderschön sein muss, im Rothaargebirge zu wandern. Vielleicht mache ich das einmal. Ich kann mich nur nicht dazu aufraffen, eine Woche lang im Naturpark Sauerland alleine herumzuirren. Ich finde keinen menschlichen Begleiter dafür. Und einen Hund habe ich nicht.

Übrigens: Ich habe gehört, dass es Deutsche gibt, die den Schnee in Holland suchen. Dort soll er nämlich besonders rein und weiß sein. Und bezahlbar.

Beim Zahnarzt

Wenn man die Tür der Praxis hinter sich geschlossen hat, befindet sich gleich links das WC für die Patienten. Genau gegenüber, durch dicke Bleiwände vom Rest der Praxis isoliert, der Röntgenraum. Gleich hinter dem WC findet der Besucher eine Garderobe mit sechs schlichten Haken. Hier hänge ich meine Freizeitjacke von *camel active* auf. Ich lasse das Portmonee in der linken und das Smartphone in der rechten Innentasche stecken, ziehe aber jeweils den Reißverschluss zu. Nicht dass ich Angst hätte, man würde sie mir entwenden, ich tue es nur aus guter Gewohnheit. Zwei Schritte und ich stehe vor dem Tresen. Die Versichertenkarte ist schnell eingelesen, das Bonusheft abgestempelt. Die Sprechstundenhilfe lächelt mich an (wie war doch gleich noch einmal ihr Name – ich habe ihn schon wieder vergessen?). Sie bittet mich, noch einen Augenblick Platz zu nehmen. Ich wähle einen der vier Stühle vor dem Tresen. Das Wartezimmer selbst, im Wintergarten der Praxis, ist leer. Ich sitze ganz rechts, der Stuhl links neben mir ist frei, auf dem daneben sitzt eine Frau, vielleicht so alt wie ich, ungefähr Mitte fünfzig. Um mir die Zeit zu vertreiben, beobachte ich sie aus den Augenwinkeln. Ihr rechtes Knie zuckt, unkontrolliert, wie ich finde, ohne einen ersichtlichen Takt. Durch diese plötzlichen, ruckartigen Bewegungen erzittert der ganze Unterschenkel und die Ferse ihres Fußes pocht auf den Praxisboden. Sie scheint es nicht zu bemerken, sieht unverwandt auf die weiße Kunststofftür mit der Aufschrift *Behandlung*.

Ich erinnere mich an eine Geschichte meines Großvaters väterlicherseits, der in den wenigen gemeinsamen Augenblicken, die wir hatten, einmal von der zahnärztlichen Versorgung auf dem Land erzählt hatte, als er noch ein kleiner Bub war. Damals, ungefähr im Jahr 1899, wollte sich einer seiner Jugendfreunde in einem einsamen Dorf im Kanton Obwalden, im Sarneraatal, einen Zahn ziehen lassen. Diese Arbeit verrichtete damals jedoch der Schmied! – Mit der Schmiedezange! Wie fühle ich doch noch heute mit dem großväterlichen Freund, dem der „Zahnarzt" beim ersten Versuch den falschen Zahn zog… In einem Anflug morbiden Mitgefühls bin ich einen Augenblick lang versucht, der Dame neben mir diese Geschichte zu erzählen, um ihr die

Wartezeit zu verkürzen. Schließlich sehe ich jedoch davon ab, da ich sie nicht kenne.

Aus dem zweiten Behandlungsraum in unserem Rücken, hören wir das hochtourige Sirren eines Bohrers. Die Zahnärztin hat, wie immer, die Tür zum Behandlungsraum einen Spalt weit offengelassen. Dumpfes Gemurmel ist wahrzunehmen. Wir verstehen die Worte nicht, die Stimme der Ärztin klingt aber beruhigend. Das tut sie immer, auch damals, als ihr am späten Freitagabend die Zange abrutschte und mein letzter Weisheitszahn zerbrach. Mit Heber und Hebel und einer gehörigen Portion Glück war es ihr schließlich gelungen, meinen letzten Molaren zu entfernen, respektive das, was noch von ihm übriggeblieben war. Das auf die Behandlung folgende Wochenende war lang und schmerzhaft, bestimmt von Dauerkühlung des linken Kiefers, fast bis zum Zustand der Vereisung.

Als die Sprechstundenhilfe aus dem Behandlungszimmer kommt, fahren die Hände meiner Sitznachbarin auf ihrem Schoß hin und her, streichen aus ihrer Jeans Falten, die ich dort nicht sehen kann. Sie wird wohl die nächste sein… „Monsieur Leresche", sagt die Sprechstundenhilfe, deren Name ich mir einfach nicht merken kann. Sie arbeitet schon seit mindestens fünf Jahren bei meiner Zahnärztin. „Gehen Sie bitte schon einmal in den vorderen Behandlungsraum und nehmen dort auf dem Behandlungsstuhl Platz. Frau Doktor kommt gleich."

Ich stehe langsam auf. Meine verkanteten Brustwirbel verursachen mir Schmerzen. Voller Mitgefühl sieht mich meine Sitznachbarin an: „Viel Spaß!"

Ich bedanke mich artig: „Den werde ich haben!" Die Sympathie in ihrem Blick wandelt sich zu Verständnislosigkeit.

Als Frau Doktor schließlich ihren Behandlungsraum betritt und sich über mich beugt, lächele ich sie an. „Ich werde Sie nicht lange aufhalten!"

„Mit Ihnen kann ich leider kein Geld verdienen", scherzt sie und schaut in meinen Mund. „Sie haben eben ein selten kariesresistentes Gebiss, Monsieur! Aber einmal im Jahr wollen wir trotzdem reinschauen, einverstanden?"

Ich kann nur mit den Augen bejahend zwinkern, denn sie hat mir bereits behände beim Reden einen Mundspiegel und eine Kürette in den Schlund gesteckt. Voller Schalk blitzen ihre Augen über dem Mundschutz.

Erneut beutelt mich ein Dämon und ich überlege, ob ich ein oder zweimal laut aufstöhnen soll – nur um die Dame in der Wartezone nicht zu enttäuschen. Frau Doktor scheint meine Intention zu erahnen und klopft mit der Kürette etwas stärker als unbedingt notwendig an meinen Zahnschmelz. Ich zucke leicht und ihre Augen blitzen. „Das lassen wir lieber, nicht wahr?" – Ich bin so leicht durchschaubar!

Als ich zwei Minuten später den Behandlungsraum verlasse und zur Garderobe gehe, verlangsame ich kurz den Schritt neben der letzten Patientin in der Wartezone. „So, nun bin ich fertig. Jetzt hat Frau Doktor jede Menge Zeit für Sie. Auch Ihnen viel Spaß!"

In jedem Menschen steckt eben eine gehörige Portion Schlechtigkeit.

Der Brand

Er geht immer früh zu Bett, gegen zwanzig Uhr. Aber er steht auch immer früh auf, zwischen drei und vier Uhr morgens. Sein Zimmer liegt im ersten Stock des hundert Jahre alten Hauses, in südöstlicher Ausrichtung, mit Blick auf das Unterdorf. Da die Hauptstraße, die neben seinem Haus entlangführt, in genau dieser Richtung nach ungefähr einhundert Metern einen scharfen Linksknick macht, sind von den Häusern im Unterdorf überwiegend nur die Dächer, manchmal nur die Schornsteine zu sehen.

Heute hat er Mühe einzuschlafen: Die privaten und die beruflichen Sorgen drohen ihn zu übermannen. Als er endlich in einen tiefen, unruhigen Schlaf sinkt, reißt ihn die Sirene auf dem ehemaligen Schulgebäude hoch. Eine Minute Dauerton, zweimal unterbrochen. Der Ton schwillt schnell an und schiebt sich rücksichtslos und ungeduldig zwischen die Häuser, klettert die Wände empor, dringt in die Schlafzimmer, bis hinein in die Betten. Er schwillt ab, holt einmal tief Luft und brüllt erneut gewaltig durch den Ort.

Er schwingt die Beine aus dem Bett und bleibt einen Augenblick auf der Kante sitzen. Ihm ist schwindlig. Durch die Vorhänge, die er vor das Fenster gezogen hat, dringt ein merkwürdiges gelbliches Licht. Mit dem Verstummen der Sirene ist es wieder still geworden im Dorf. Er schaut auf den Wecker: viertel eins. Dann hört er die ersten freiwilligen Feuerwehrleute durch das Dorf laufen. Nachts, wenn alles still ist, hört man ihre Schritte besonders weit. Das Feuerwehrhaus ist von seinem Fenster aus zu sehen. Er steht auf und zieht die Vorhänge zurück … und sieht in eine Feuerwand. Bis in den nächtlichen Himmel schlagen Flammen. In allen bekannten Rot- und Gelbtönen. Er öffnet das Fenster ein wenig und hört ein Knacken und Knistern wie bei einem riesigen Osterfeuer. Innerhalb kürzester Zeit, noch bevor der Feuerwehrwagen des Dorfes ausrückt, breitet sich vor seinen Augen die Flammenwand weiter aus; sie scheint sich zu verdoppeln, zu verdreifachen. Beklemmt fragt er sich, welche Scheune in Vollbrand steht. Auf den Gedanken, dass es ein Wohnhaus sein könnte, kommt er nicht.

In den umliegenden Dörfern im Norden und Süden stimmen weitere Sirenen einen gemeinsamen Weckruf an. Er zählt sie: vier, fünf. Ein zuckendes Blaulicht verlässt das Feuerwehrhaus. Kurz darauf hört er deutlich zwei einzige Worte inmitten des Prasselns der Flammen: „Oh Scheiße!" Dann wird es im Dorf wieder ruhig. Es ist nur noch ein undeutliches, dumpfes Gemurmel der Einsatzkräfte zu vernehmen.

Er fragt sich, ob sich auch Schaulustige an den Brandort begeben haben: In allen umliegenden Häusern brennt Licht. Er ist versucht, sich anzuziehen und die Straße bis zur Kurve zu laufen, entschließt sich aber dagegen.

Er hört ein Bersten und Poltern. Ein Funkenregen steigt inmitten der Flammen wie ein höllisches Feuerwerk zum Himmel empor. „Das war der Dachstuhl", denkt er.

Weitere blaue Lichter zucken durch das Oberdorf, fünf, sechs herbeigeeilte Feuerwehrwagen stehen bereits auf der Dorfstraße, fast bis zu seinem Haus. Die eigene Ortswehr hat einen Einweiser abgestellt, der unter seinem Fenster am Gartenzaun steht. Jedem Neuankömmling gibt er kurz Bericht; aber man kann die geflüsterten Worte im Zimmer nicht verstehen. Wenig später nähert sich das tiefe Brummen eines starken Dieselmotors; kurz darauf rollt der Leiterwagen der Bezirkshauptstadt an ihm vorbei und verschwindet hinter der Kurve am Feuerwehrhaus. Aus dem Norden nähert sich eine vereinzelte hysterische Sirene. Tatütata, ungefähr fünf Minuten lang. Es ist drei viertel eins – zwischen den Feldern sind keine anderen Fahrzeuge auf den Straßen. Tatütata.

Er fragt sich, wie es zu diesem Vollbrand kommen konnte, ohne dass jemand rechtzeitig Alarm gibt, zieht die Vorhänge zu und geht wieder zu Bett. Vielleicht weil es hier im Dorf häufig keinen Netzempfang für Handys gibt. In dreieinhalb Stunden fängt der Tag wieder für ihn an.

Wenige Tage später wird man in der Lokalpresse lesen können, dass die Brandermittler der Polizei in der Brandruine die Reste einer Cannabis-Zucht gefunden haben. Das Verhalten der Hausbewohner, die sich leicht verletzt aus dem Haus retten konnten, wird weiterhin Rätsel aufgeben. Mit Brandwunden und Rauchgasvergiftung sind sie, noch vor Eintreffen der Feuerwehr, in ein Krankenhaus gefahren. Der Alarm in der Leitstelle der Feuerwehr wurde nicht durch sie ausgelöst.

In seinem Büro sortiert der leitende Angestellte wie jeden Morgen die eingegangene Post. Einem der Umschläge entnimmt er eine Zuweisung der Abteilung Gemeinnützige Arbeit: hundertzwanzig abzuleistende Sozialstunden für einen jungen Mann, wegen Besitzes und unerlaubter Weitergabe von Marihuana.

Er wundert sich: Wenn er sich recht erinnert kann, wurde im 19. Jahrhundert Cannabis unter anderem gegen Migräne, epilepsieähnliche Krämpfe und Schlafstörungen eingesetzt. Erst gegen 1898 wurde die Heilpflanze durch die Acetylsalicylsäure verdrängt und schließlich als Heilmittel von den neuen synthetischen Arzneimitteln abgelöst.

Er erinnert sich an die Worte des Professors, der ihn Pharmakologie gelehrt hatte: „Jedes Medikament ist eine Droge!"

Er nimmt den Eingangsstempel und drückt ihn auf die amtliche Zuweisung: 1. Juni. Den jungen Mann wird er, wie immer, in der Spülküche einsetzen.

Tod eines Großvaters

Es ginge dem Großvater nicht gut, hat ihm seine Mutter am Telefon mitgeteilt. Er habe mit einer Gangräne ins Krankenhaus eingeliefert werden müssen. Auf die Geriatriestation B. Der trockene Brand, wie man es früher genannt hat. Die ersten drei Zehen seines rechten Fußes seien betroffen, die Ärzte könnten für ihn nichts mehr tun. Man habe ihm zur Schmerzlinderung einen Morphiumtropf angehängt. Er werde sterben. Es sei nur noch eine Frage von wenigen Tagen.

Der Enkel beschließt, mit dem Nachtzug aus dem hohen Norden Deutschlands an den Genfer See zu fahren, um seinen Großvater noch einmal zu sehen. Diesen Großvater, der ihm alles bedeutet. Mit dem er acht Jahre seines Lebens zusammengelebt hat, der ihn in der Pubertät aufgefangen und liebevoll ins Leben begleitet hat. Diesen Großvater, der ihm Ratgeber, Seelsorger und Freund gewesen ist. Um nicht alleine fahren zu müssen, nimmt der Enkel seine beiden eigenen Söhne, sieben und vier Jahre alt, mit.

Ab Bremen teilen sie sich ein Schlafwagenabteil mit einem Fremden. Die beiden Jungs haben das obere Bett gemeinsam, der Enkel bezieht das untere. Sein Schlaf ist unruhig, ständig unterbrochen von dem Rattern der Räder des Zuges. Um drei Uhr nachts fühlt er sich völlig erschöpft. Über ihm hört er das tiefe Atmen seiner beiden Söhne, auf dem gegenüberliegenden Bett schnarcht der unbekannte Mitreisende. Er weiß, dass entweder seine Tante oder seine Mutter gerade am Bett des Großvaters wachen. Da er kurzfristig eine ganze Woche Urlaub nehmen konnte, wird er sie an den folgenden Tagen ablösen können. Er stellt sich vor, wie ein Leben, in dem es keinen Großvater mehr gibt, zukünftig sein wird. Die Vorstellungskraft dafür fehlt ihm. In den über dreißig Jahren seines Lebens ist er in dem großväterlichen Haus ein- und ausgegangen, die Jahre, die er dort gelebt hat, mit eingerechnet. Aber, so denkt er, während er wach unter der dünnen Decke liegt, hat sein Großvater auch ein langes und gesegnetes Leben gehabt. Vollendete zweiundneunzig Jahre. Zwei Töchter, drei Enkelkinder, drei Urenkelkinder. Es ist der Verdienst seines Großvaters, dass der Familienzusammenhalt so gut ist.

Kurz vor sechs Uhr klopft es leise an der Abteiltür. Der Schlafwagenschaffner meldet: „Wir treffen in Kürze in Basel ein. Kaffee für die Erwachsenen, Schokolade für die Kinder?" In Lörrach hält der Zug unverhältnismäßig lange. Es drängt den Enkelsohn weiterzureisen, um an das Krankenbett seines Großvaters treten zu können. Er lässt seine beiden Söhne die Rucksäcke aufnehmen und schickt sie in den Flur des Waggons. Sein Jüngster steht in der Nähe der offenen Tür. Sein Ältester auf halben Weg zwischen Vater und Bruder. Zwei ältere Ehepaare warten mit ihren Koffern vor ihm im Flur. Aber der Zug steht immer noch. Vielleicht muss die Lokomotive ausgewechselt werden, denkt er, oder es steigen Schweizer Zollbeamte zu.

Als der Schlafwagenschaffner aus der entgegengesetzten Richtung mit seinem Servicewagen den Flur entlangkommt, ruft er seinem Jüngsten zu, er möge dem Schaffner Platz machen. Gehorsam tritt dieser einen Schritt zurück ... und verschwindet zwischen Bahnsteinkante und Eisenbahnwaggon. Wie gelähmt steht der Enkel im Flur. Den Bruchteil einer Sekunde erwägt er, die Notbremse zu ziehen. Das Bild einer sich schließenden Waggontür und eines anfahrenden Zuges schießt ihm kurz durch den Kopf. Dann drängelt er sich an den beiden Ehepaaren vor ihm vorbei und beugt sich aus der Tür. Sein Jüngster hat sich dank seines Rucksacks zwischen der Betonkante und der Türschwelle des Eisenbahnwaggons verfangen. Der Enkel greift nach dem Tragegriff des Rucksacks und zieht diesen, mitsamt seinem Sohn, zurück in den Waggon. Der Kleine ist viel zu geschockt, um zu weinen. Später wird er seiner Mutter erzählen, der Papa habe ihn aus dem Zug geworfen.

Um kurz nach sechs Uhr steigen die drei Reisenden in Basel aus dem Nachtzug in einen Zug der schweizerischen Bundesbahn um, der von Basel nach Yverdon fährt. Die Fahrt soll drei Stunden dauern, da auf der Strecke an zwei Stellen gebaut wird und der Zug hier nur im Schritttempo vorwärtskommt. Um kurz nach neun Uhr hält er schließlich ein letztes Mal am Neuenburgersee. Als der Enkel mit seinen beiden Söhnen auf den Bahnsteig tritt, kommen ihm seine Mutter und seine Tante mit langsamen Schritten entgegen. In den Augen seiner Mutter kann er lesen, dass er zu spät gekommen ist. „Um sechs Uhr ist er eingeschlafen", sagt sie. „Und niemand von uns war bei ihm. Deine Tante und ich waren so müde, dass wir mal eine Nacht schlafen mussten."

Bevor sie weiter nach Pompaples ins Krankenhaus fahren, frühstücken sie im Bahnhofsrestaurant. Kaffee beziehungsweise Schokolade und Croissants. Eile ist nicht mehr geboten.

Im Krankenhaus lässt man sie im Aufenthaltsraum der Geriatriestation einen Augenblick warten. Der Enkel kennt die Räumlichkeiten gut. Auf der Nachbarstation hat er während seiner ersten Ausbildung den allerersten Einsatz absolviert. Während er mit seinen beiden Söhnen am Fenster des Raumes sitzt, gehen die beiden Schwestern Abschied von ihrem Vater nehmen. Als sie wiederkommen, werden sie von einer Krankenschwester begleitet. „Soll ich auf die beiden Jungen aufpassen, während Sie zu Ihrem Großvater gehen?", fragt sie. Er verneint dankend und nimmt seine beiden Söhne an die Hand. „Ich möchte mit meinen Söhnen einen Augenblick alleine Abschied nehmen können", erklärt er und, mit einem Blick auf seine Mutter und seine Tante: „Würdet ihr hier so lange auf uns warten, bitte?"

In dem Stationszimmer ist der Leichnam seines Großvaters zurechtgemacht, so wie er während seiner Tätigkeit als Krankenpfleger viele Leichname zurechtgemacht hat, damit die Familien sich verabschieden konnten. Die Hände sind über der Bettdecke, etwas unter den Brustkorb, gefaltet. Er geht mit seinen Söhnen auf die gegenüberliegende Seite des Zimmers, sodass sie das Fenster und die einfallende Sonne im Rücken haben. Einen Augenblick lang stehen sie still vor dem Leichnam, sein Ältester zu seiner Rechten, sein Jüngster zu seiner Linken. Schließlich legt er eine Hand auf die gefalteten Hände seines Großvaters. „Was ihr hier seht, ist nur die äußere Hülle", tröstet er seine beiden Jungs. „Der Uropa ist längst bei Gott im Himmel. Von dort aus sieht er, dass wir gekommen sind und jetzt von ihm Abschied nehmen."

Vier Tage später beerdigen sie den Mann, den der Enkel in seinem Leben am meisten verehrt hat. Auf dem Weg zur Nachfeier fragt sein Jüngster in seiner kindlichen Einfalt: „Warum haben wir den Uropa denn eingebuddelt?"

Weiß, fein, gerippt

Wir leben in einer Zeit, in der die Arbeitsdichte in den meisten Branchen disproportional zur sogenannten Manpower zugenommen hat. Manchmal mutet es an, als wenn die Berufstätigen einfach nur noch an- und ausgeschaltet werden. Ein Klick bei Bedarf und die menschliche Maschinerie läuft schneller, ein paar Umdrehungen mehr, damit der Output stimmt. Ich denke, dass dieser Zeitgeist nicht mehr aufzuhalten ist. Ein Zurück zur wirklichen Menschlichkeit am Arbeitsplatz sehe ich in den kommenden Jahrzehnten nicht. Nicht umsonst nehmen die Rückenbeschwerden in unserer berufstätigen Gesellschaft in den letzten Jahren rasant zu: ein Ausdruck seelischer Not – ständige Müdigkeit, Schlafstörungen, Bornout-Syndrome gehören mittlerweile zum betriebsärztlichen Alltag.

Umso wichtiger ist das zwischenmenschliche Miteinander einer Gemeinschaft von Menschen am Arbeitsplatz, einem Team. In der Fachliteratur werden die Merkmale eines erfolgreichen Teams meistens in verschiedene Kennzeichen unterschieden, beispielsweise in Leistung, Ziele, Dynamik, Struktur und Klima. Beklemmend finde ich, dass das Klima am Ende steht, während Leistung die Aufzählung anführt. Ich würde es gerne anders herum sehen, denn die Arbeitsplatzzufriedenheit führt in den meisten Fällen zu einer guten Arbeitsleistung: Ich gehe mit Freude zur Arbeit, also liefere ich auch eine gute Arbeitsqualität. Das Team spielt dabei die zentrale Rolle. Es stellt das Sicherheitsnetz bei einem Hochseilakt im Zirkus dar, das den Trapezkünstler sicher auffängt, wenn dieser einen Fehler macht oder ihn die Kraft verlässt (und er sich einfach fallen lassen muss). Das Netz, das Team, unterscheidet nicht zwischen privat und beruflich, nicht zwischen Mann und Frau, nicht zwischen Alt und Jung. Es ist einfach da, intakt, fest verankert, sicher gespannt für jedermann. Ähnlich, wie es der Apostel Paulus im ersten Korintherbrief schreibt, erträgt das Team in Liebe und Geduld alles.

Wirklich alles? Manche menschlichen Schwächen sind auf die Dauer doch kaum ertragbar. Dazu gehört für mich das ständige oberflächliche, seichte Schwatzen, ohne jeden geistigen Tiefgang. Nicht, dass es mir egal wäre, wenn meine Kollegen an die Nord- oder Ostsee in Urlaub fahren. Ich freue mich durchaus, wenn sie über gutes Wetter, Sehenswürdigkeiten und ihre Erholung erzählen. Aber wen interessiert es, wenn eine Verwaltungsangestellte zum vierten Mal nach Grömitz gefahren ist, um dort alle Schuhläden mit ihrem Besuch zu beehren (zum vierten Mal!) und mit drei paar neuen Schuhen nach Hause fährt (zum vierten Mal!). Wen interessiert es, dass ihr Mann zum ersten Mal auch nicht widerstehen konnte und dort drei paar neue Schuhe erworben hat? Mich nicht! Ich habe wenig erfahren über das Wetter, die dortige Natur oder die Qualität der Pension. Ich habe nicht erfahren, ob sie in Grömitz andere interessante, freundliche Menschen kennengelernt haben. Dafür habe ich mir an einem einzigen Vormittag gefühlte hundert Mal ihre neuen, knallroten, knöchelhohen Schuhe ansehen dürfen, von denen die blauen Schnürsenkel noch das Spannendste waren. „Zeigt her eure Füßlein, zeigt her eure Schuh…". Auch der absolute Schnäppchenpreis von fünfundvierzig Euro interessiert mich nicht wirklich. Ich kaufe mir ungefähr alle drei bis vier Jahre ein neues Paar Schuhe. Das kostet zwischen hundertsechzig und hundertachtzig Franken und ich rede nicht viel darüber. Schon gar nicht stolziere ich damit durch den ganzen Betrieb, bis auch wirklich der letzte Kollege und Kunde meine rotbeschuhten Füße bewundert hat.

Zugegeben: Wir Welschen haben Vorurteile gegenüber den Deutschschweizern. Wir führen eine Art Vernunft-Ehe. Die Kollegin kommt aus Zürich; ich hätte nicht erwartet, dass sie geizig ist, auch wenn Schuhe in der Schweiz teurer sind als im Nachbarland Deutschland. Wer fährt auch schon von Orbe nach Grömitz, einmal quer durch die Bundesrepublik Deutschland, um dort Schuhe zu kaufen?

In einem Anflug von Wahnsinn bin ich eines Abends ins Internet gegangen und habe mich über das Ostseebad Grömitz informiert. Insbesondere habe ich herauszufinden versucht, wie viele Schuhläden es dort gibt. Ohne Erfolg! Aber wie man in einer Stadt mit 7000 Einwohnern (die Touristen nicht mit eingerechnet) und historischen Gebäuden, wie zum Beispiel die 1230 erbaute Kirche, das Kloster Cismar oder den fast siebenhundert Jahre alten Hafen, Schuhläden den Vorzug geben kann, ist mir unerklärlich. Wahrscheinlich fehlen mir dafür ausreichend weibliche Gene.

Ein anderes Thema, das ich nur mit großer Mühe ertrage, sind die ständigen Gespräche um das Abnehmen. Alle zwei Wochen, und dann für viele Tage, begegnen mir in den Fluren schlecht gelaunte Kollegen mit Salattellern, klarem Mineralwasser (meistens ohne Kohlensäure) oder – was ich besonders skurril finde – mit einer überdimensional großen Dose Eiweißshake (ich verzichte absichtlich auf den Namen des Nahrungsergänzungsmittels, da in diesem Büchlein keine versteckte Produktwerbung platziert ist). Über jedes „gepurzelte" halbe Kilo wird gejubelt, jede kleinere Hosengröße gemeinsam zelebriert, Gruppenschwüre abgelegt, dass man nie wieder zunehmen werde. Ich vergaß das Nordic-Walking, das wohl schon jeder Kollege in unserem Unternehmen mehr oder weniger intensiv praktiziert hat, mit und ohne Stöcke, sozusagen ein Skilanglauf auf dem Trockenen. Nur ich nicht! Nun gut, ich liege mit fünfzehn Kilo über dem europäischen Normgewicht. Das jedoch haben viele der walkenden Kollegen auch – und eine deutlich leichtere Geldbörse als ich, denn der Eiweißshake ist sündhaft teuer.

Wer mich liebt, muss mich nehmen, wie ich bin, auch mit einigen Pfunden Übergewicht. Wer das nicht will, hat mich nicht verdient. Wahre Schönheit kommt von innen. Und wenn die Hosengröße 25 nicht mehr passt, suche ich nach einem Händler, der mir die Größe 26 verkauft.

Ich fühle mich in diesen Diskussionen übrigens nicht nur unwohl, sondern an den Rand des Teams gedrängt. Ich kann zu dem Thema so wenig sagen! Also habe ich beschlossen, diese Situation aktiv zu verändern, indem ich einen Gesprächsgegenstand in die Diskussion einbringe, den *ich* beherrsche. Als kürzlich das Gespräch zwischen zwei Kolleginnen in meiner Gegenwart ein weiteres Mal in Richtung Fußbeschuhung abrutschte (im wahrsten Sinne des Wortes), habe ich gefragt, ob die beiden auch etwas von weißer Herrenunterwäsche verstehen würden. Der Redeschwall stoppte jäh, beide schauten mich an, als hätte ich morgens einmal zu viel an einem Joint gezogen.

„Ihr wisst schon, mes chères", insistierte ich. „Es gibt in Deutschland nicht nur Schuhe. Ich zum Beispiel bevorzuge feine, weiße

Unterwäsche der Firma Schiesser. Diese schaut auf eine einhundertvierzigjährige Firmengeschichte zurück. Gute Qualität. Angenehm zu tragen. Ein wenig teuer in der Anschaffung, hält dafür aber sehr lange."

Die ältere der beiden Kolleginnen (sie stand links von mir) lachte kurz auf, humorlos. „Womöglich noch gerippt?", fragte sie spöttisch. Ich nickte ernst. „Selbstverständlich!" Und als beide mich irritiert ansahen: „Jacques Schiesser war übriges Schweizer. Nur falls es jemanden interessiert."

Als beide sich wieder ihrem ursprünglichen Gespräch zuwenden wollten, unterbrach ich sie noch einmal: „Meistens kaufe ich solche mit Eingriff!"

Die Kollegen links von mir hielt sich die Ohren zu und rief aus: „Ich glaube, ich bekomme Ohrenkrebs!"

Als ich mich der Kollegin rechts von mir, siebenunddreißig Jahre alt, zuwenden wollte, die ich weniger prüde einschätzte als ihre Gesprächspartnerin, winkte diese gleich ab: „Zu viel Information! Zu viel Information!" Sie beugte sich nach vorne, über den Schreibtisch, um den PC in Standby-Funktion zu fahren. Dabei gewährte sie mir einen tiefen Einblick in ihr Dekolleté. Eindeutig kein Büstenhalter von der Firma Schiesser, stellte ich fest.

Während beide Frauen fluchtartig das Büro verließen, hatte ich zum ersten Mal seit Jahren das sichere Gefühl, als Sieger aus einer Gesprächsrunde hervorgegangen zu sein. Gut: Ich weiß nicht wirklich, ob sich mein neu eingebrachtes Thema deutlich zur Entwicklung eines besonderen Teamgeistes geeignet hat. Eine echte gegenseitige Freude und Ermunterung habe ich in diesem Gespräch nicht verspürt. Und ein wertschätzendes, vertrauensvolles Klima besteht anscheinend auch noch nicht, denn ansonsten hätten wir ungeniert über meine Unterwäsche sprechen können. Aber was nicht ist, kann ja noch werden. Ich bleibe am Ball...

Ein Mann muss sich beherrschen können

Der Aufenthaltsraum der neurochirurgischen Abteilung des Universitätsklinikums liegt direkt neben dem Schwesternzimmer. Nach der ersten Stoßzeit in der grundpflegerischen Versorgung, meistens nach dem Frühstück der Patienten, treffen sich die Assistenz-, manchmal auch die Oberärzte mit dem Krankenpflegepersonal zu einem Kaffee und mehr oder weniger ungezwungenen Gesprächen. Das Pflegepersonal, überwiegend weiblich, ist genauso jung wie die meisten Patienten. In dieser Abteilung werden häufig junge Männer mit Verletzungen des Rückenmarks oder Traumen im Schädelinneren versorgt, häufig nach einem wochenlangen Aufenthalt auf der Intensivstation.

Eine junge Krankenschwester, nicht älter als Mitte zwanzig, beschwert sich eben bei ihren Kolleginnen, dass sie morgens, bei der Ganzkörperwäsche, ein junger Mann aus Zimmer 0.14 sexuell belästigt habe. Er habe, während sie sich über ihn beugte, um ihm das Gesicht zu waschen, versucht, ihr in den Ausschnitt des Kasacks, an ihre Brüste zu fassen. „Zum Glück sind seine Bewegungsabläufe noch nicht koordiniert", echauffiert sie sich. „Hätte er mich angegrapscht, hätte ich ihm eine runtergehauen!" Sie schaut in die Runde der Anwesenden, die alle beifällig nicken. „Unerhört!" und „Der sollte sich schämen!", hört man sie sagen. Ein junger Assistenzarzt betrachtet die junge Schwester, nennen wir sie Babette, wohlwollend: „Wir werden ihn wohl etwas mehr sedieren müssen", tröstet er sie und sein Blick erfreut sich – ganz keusch – an ihren pfirsichgroßen Brüsten. Die erigierten Brustwarzen unter dem weißen Kasack strecken sich ihm entgegen. Man muss zur Entschuldigung von Babette erwähnen, dass es Sommer ist, Ende August, dreiunddreißig Grad im Schatten (Celsius, nicht Fahrenheit) und auch in dem klimatisierten Aufenthaltsraum noch unerträglich warm, zu warm für einen dezenten Büstenhalter.

„Ein Mann muss sich schließlich beherrschen können", murmelt die stellvertretende Stationsleitung vor sich hin. Jeder kann sie hören, jeder nickt. Sie muss es wissen – wenn nicht sie, wer dann, denn sie schaut auf vierzig Jahre Berufserfahrung zurück und hat nie einen Mann gekannt.

In der Ecke sitzt ein Krankenpfleger mit seiner Tasse Kaffee. Als die erste Welle der Empörung abebbt, wagt er einzuwerfen: „Männer reagieren auf das, was sie sehen." Die Kolleginnen, die mit dem Rücken zu ihm sitzen, drehen sich empört um. „Und auf das, was sie hören. Das ist übrigens der einzige Grund für den Erfolg von Pornos." Der Arzt mit den Beruhigungsmitteln grinst anzüglich: „Du musst es ja wissen!" Der Rebell schaut stur auf seine Tasse: „Ist doch so. Ein nackter Frauenkörper ist für einen heterosexuellen Mann immer anziehend. Umgekehrt ist das bei einer Frau noch lange nicht so."

„Was willst du uns jetzt genau damit sagen?", schnaubt Babette empört. „Ich finde es eine Zumutung, wenn ich Patienten versorge und sie mit einer Erektion im Bett liegen!" Die junge Krankenschwester ist ungefähr einen Meter fünfundsechzig groß, schlank, wohlproportioniert, mit dunklem Haar, das ihr bis über die Schulterblätter fällt. Sie kokettiert gerne, besonders bei den jungen Assistenzärzten. Jeder im Team weiß es, alle Kolleginnen zerreißen sich das Maul darüber. Hinter ihrem Rücken. Niemand redet *mit ihr*. Bis zu diesem Augenblick.

„Der Patient, von dem du redest", fährt der Krankenpfleger unbeirrt fort, „hat die letzten zwei Monate nach seinem Motorradunfall unbeweglich auf Intensiv im Bett gelegen. Hier bei uns wird er nur einmal am Tag auf der Bettkante mobilisiert. Seine Freundin habe ich erst einmal gesehen. Er ist seit vielen Wochen ungewollt enthaltsam. Kannst du es ihm wirklich verübeln, dass er zu fantasieren beginnt, wenn er auf deine Brüste schauen muss? Du weißt doch, wie Männer reagieren. Warum bietest du als Profi ihm solche Schlüsselreize? Sei mir nicht böse, Babette, aber in meinen Augen bist du selber schuld!"

Es wird laut im Schwesternzimmer. Tumult bricht aus. Empört verlassen die meisten seiner Kolleginnen den Raum. Der Mediziner, der an einem galanten Abenteuer mit der jungen Schwester seit geraumer Zeit arbeitet, entrüstet sich: „Wie kannst du nur!"

Babette schluchzt. Sie wischt sich mit dem Handrücken die Nase und beugt sich zu dem jungen Arzt vor. „Lass uns gehen, Jean-Claude, und mit der Visite beginnen, bevor ich mich vergesse!" Dabei legt sie dem Mediziner für einen kurzen Augenblick ihre rechte warme Hand auf den linken Oberschenkel, innen, fast in den Schritt.

Zipperlein

Es ist fünf Uhr morgens, als er, wie jeden Werktag, aufsteht. Samstags steht er erst um sechs Uhr auf. Sonntags um sieben Uhr. Werktags jedoch, von Montag bis Freitag pünktlich um fünf Uhr. Keine Minute früher, keine Minute später. Wenn der Wecker klingelt, drückt er ihn mit der rechten Hand aus. Der Wecker steht auf seinem Nachttisch, direkt hinter der Nachttischlampe und einem Buch von Alice Munro mit neun Erzählungen: Himmel und Hölle. Die Originalausgabe ist im Jahr 2001 unter dem Titel „Hateship, Friendship, Courtship, Loveship, Marriage" erschienen. Er spricht kein Englisch. In der Schule hat er im Sprachunterricht nie aufgepasst. Zu was soll Sprachenlernen gut sein? Er hat nie vorgehabt, das kleine Bergdorf im Berner Oberland zu verlassen. Aber den deutschen Titel hat er interessant gefunden, fast schon theologisch. Außerdem ist er neugierig darauf gewesen, was eine Frau, die 2013 den Nobelpreis für Literatur erhalten hat, so schreibt. Eine kreisrunde Etikette auf dem vorderen Einband informiert den potentiellen Leser über diesen Preis, den nur die Besten der Besten jemals erhalten. Dem Verleger war diese rote Etikette ganze viereinhalb Zentimeter wert. So groß ist ihr Durchmesser. Er hat ihn mit einem Lineal nachgemessen. Nicht dass ihn die Größe der Etikette besonders interessieren würde, aber auf dem Einband des Buches ist eine Frau von hinten zu sehen. Der Nacken und die Schultern sind nackt und die rote Etikette klebt genau über der Hälfte der unbedeckten Haut. Das hat ihn geärgert. Warum hat diese Etikette nicht woandershin geklebt werden können, zum Beispiel auf den faltigen Stoff ihres Kleides? Mit dem Fingernagel hat er an dem roten Klecks gekratzt. Vergeblich, wie er schnell feststellen musste, denn der rote Aufkleber war nicht bereit, sich von der Haut der Frau zu lösen.

    Meistens ist er abends zu müde, um mehr als zwei oder drei Seiten hintereinander zu lesen. Seit einer guten Woche liegt das Buch auf seinem Nachttisch. Das Lesezeichen trennt die Seiten zweiunddreißig und dreiunddreißig. Gestern Abend hat er ausnahmsweise eine Seite mehr gelesen. Er liest langsam, aufmerksam, mit allen Sinnen, denn er will verstehen, welche Botschaft die Autorin durch die Hauptperson, eine gewisse Johanna, der Nachwelt hinterlassen will. Er ist überzeugt davon, dass jeder Autor über sein Buch oder eine andere Veröffentlichung, zum Beispiel in einer Tageszeitung, den Menschen etwas sagen will. Sicherlich wählt er diesen Weg, weil er sich nicht traut, seine Mitmenschen direkt anzusprechen. Manche Menschen können halt besser schreiben als reden. Um die schreibende Zunft zu würdigen und zu verstehen, liest er langsam. Gestern Abend hat er sogar vier Seiten geschafft. Es erschien ihm nicht angebracht, mitten in einem Abschnitt das Lesen zu unterbrechen, obwohl in der Erzählung die Möbel von Johanna noch nicht in einem Eisenbahnzug verpackt waren.

Jetzt ist es fünf Uhr morgens und er hat mit einer geübten Bewegung der rechten Hand den schnarrenden Wecker ausgestellt. Der Wecker steht immer an der gleichen Stelle, sodass er gar nicht mehr hinschauen muss, wenn er ihn ausdrückt. Wenn der Zeitmesser ihn weckt, fährt seine rechte Hand unter der warmen Bettdecke hervor (er schläft meistens auf dem Rücken) und findet den Weg zum Ausknopf. Dann zieht er auch die linke Hand unter der Bettdecke hervor und wirft die Daunendecke zum Fußende des Bettes. Er holt Schwung, indem er beide Beine bis fast zur Brust anzieht und sich dann mit einem Satz aufsetzt, fast aufrollt, nach rechts zur Bettkante dreht und mit beiden Füßen in die Hausschuhe fährt, die immer an der gleichen Stelle vor dem Bett stehen. Um keinen Schwindel zu bekommen, holt er dann mehrmals tief Luft, stützt beide Hände auf die Knie und steht schließlich auf. Heute durchzuckt ihn im rechten Fuß ein stechender Schmerz, als er in die Hausschuhe schlüpft. Der Schmerz sitzt ganz unten, an der Fußsohle, unmittelbar vor dem Fersenbein. Das Sprunggelenk ist innen geschwollen, warm und leicht gerötet. Er setzt sich wieder und legt den rechten Fuß über das linke Knie, drückt auf die schmerzenden Stellen. Der Schmerz wird schlimmer.

Gicht ist vererblich, denkt er. Sein Vater hatte Gicht, besonders in den Füßen. Mit Mitte fünfzig. Er selbst hat jetzt das gleiche Alter. Er ist nicht sonderlich überrascht und auch nicht ängstlich. Er ist es gewohnt, die Dinge zu nehmen, wie sie kommen. Er kann sie ohnehin nicht ändern. Aber ärgerlich ist er, denn der Schmerz lässt ihn humpeln, als er zur Toilette geht. Auf dem Abort sieht er sich genötigt, beim Pinkeln zu sitzen, denn die Gewichtsverlagerung auf den rechten Fuß lässt den Schmerz bis in die Wade wandern. Einen Augenblick ist er versucht, auf der Arbeit anzurufen und sich krank zu melden. Schnell verwirft er diesen Gedanken wieder. Er will sich nicht einreihen in die wachsende Zahl krankmachender Kollegen. Und Kolleginnen. Vor allem Kolleginnen. Er ist überhaupt nicht frauenfeindlich. Er verzeichnet nur missbilligend, dass immer mehr weibliche Angestellte für ein Nichts eine mehrtägige Auszeit nehmen, wie er es nennt.

    Es ist jetzt fünf Uhr dreißig, und er hat Mühe, sich alleine die Strümpfe anzuziehen. Immer wenn irgendetwas seinen gichtigen Fuß berührt, brennt ein Lavastrom die Sehnen rauf und runter. Zuerst war es die Unterhose, dann der Strumpf, schließlich die Hose. Er mag sich gar nicht vorstellen, wie es sein wird, wenn er in die Schnürschuhe schlüpfen muss. Wegen eines Zipperleins, denkt er, mache ich noch lange nicht krank. Ich nicht! Er würde mit dem Fuß vorsichtig, jedoch konsequent auftreten und so die Blutzirkulation anregen. Dann würde die Schwellung schon zurückgehen und damit auch der Schmerz. Außerdem, so beschließt er, würde er in seinem Büro den Fuß auf einen Stuhl hochlagern.

    In der Küche steht er sinnend vor dem Kühlschrank. Er erinnert sich an das Leiden seines Vaters, der den Konsum von tierischen Eiweißen stark verringern musste. Keine Wurst, kein Fleisch. Mit was würde er sein Butterbrot belegen? Mit Wehmut erinnert er sich an die Flasche Bier und das Glas Whisky, mit denen er den gestrigen Abend geteilt hat. Alkohol verträgt sich nicht mit Gicht, erinnert er sich, denn er stört das Ausscheiden von Harnsäure. Sei's drum. Er kann es nicht ändern. Er beschließt, nach Feierabend eine große Teekanne voll Pfefferminztee aufzugießen. Da weiß er wenigstens, was für eine Qualität das Heilkraut hat. Er hat es selbst biologisch angebaut, auf einem Hochbeet im Garten. Zum Pfefferminzeteekochen bleibt ihm jetzt aber keine Zeit mehr. Auf der Arbeit würde er sich mit Mineralwasser begnügen müssen und ab und zu einem kleinen Kaffee.

    In den Fluren des Bürohauses, in dem er tätig ist, lässt er sich von seinen weiblichen Kolleginnen bemitleiden. Er gibt den Unwissenden, was sein Hinken betrifft. Eine Mitarbeiterin reicht ihm einen Holzstock mit Gummipropfen, damit er sich besser aufstützen und sein Gewicht auf den anderen, den linken, Fuß verlagern könne. Man bringt ihm einen Eisbeutel zum Kühlen ins Büro, den er sich demonstrativ auf das Sprunggelenk legt. Die Post, die er heute unterschreiben müsse, würde man ihm selbstverständlich ins Büro bringen. Es sei ja nicht zumutbar, dass er mit dem Leid, das ihn über Nacht ereilt hat, einmal quer durch das ganze Haus laufe. Eine Kollegin bringt ihm ein Glas Wasser und Aspirin. Granulat, erklärt sie ihm, löst sich schneller auf. Er ist erstaunt, als die Wirkung des Schmerzmittels wirklich schon nach zehn Minuten eintritt. Der Schmerz geht so weit zurück, dass er mittags, entgegen allen Warnungen, wieder wie ein junger Gott durch die Flure läuft. Er humpelt kaum noch. Die Krücke lehnt vereinsamt an dem äußersten Ende seines Schreibtisches. Seht ihr, sagt seine ganze Haltung, wenn man sich nicht gehen lässt, regelt sich alles von alleine. Dann weiß der Körper schon, wann er gesunden muss. Als ihn ein Kollege kurz vor Feierabend auf sein, wie er selbst meint, unbedeutendes Übergewicht hinweist, nickt er dankend. Er versichert dem neuen Freund, dass er abends etwas weniger essen werde. Er werde auch den Alkoholkonsum reduzieren. Nicht dass er Alkoholiker sei, aber abends ein schönes Gläschen… Nun, er werde vernünftig sein und eine Zeit lang darauf verzichten. Sein Kollege klopft ihm wohlwollend auf die Schulter und ein scharfer Schmerz durchzuckt das rechte Fußgelenk des so Gelobten, direkt unter dem Fersenbein, bis tief hinein in das untere Sprunggelenk.

Zuhause angekommen lässt er sich in einen Sessel sinken, legt das rechte Bein auf einen Hocker und zieht den Strumpf herunter. Die Schwellung, die Rötung haben zugenommen. Der Fuß fühlt sich deutlich wärmer an als noch heute Morgen. Als der Schmerz soweit nachgelassen hat, dass er sich wieder erheben kann, zieht er einen Duden und ein medizinisches Wörterbuch aus einer Bibliothek zurate. Das Zipperlein, liest er, bedeutet Gicht oder auch Gebrechen, Wehwehchen. Es kommt aus dem Spätmittelhochdeutschen *zipperlīn*, zu Mitteldeutsch *zipfen*. Er schlägt die Seite um, runzelt die Stirn. *Zipfen* bedeutet trippeln, eigentlich spöttisch gemeint wegen des Gangs des Erkrankten.

Ihm ist der Appetit vergangen. Er verzichtet heute auf das Abendbrot. Mittlerweile ist es achtzehn Uhr dreißig und er beschließt ins Bett zu gehen. Die Bettwärme wird dem Fuß schon guttun. Morgen, wenn der Wecker um fünf Uhr Laut gibt, wird er wie immer aufstehen und anschließend zur Arbeit gehen. Er wird sich nicht nachsagen lassen, dass er immer irgendein Zipperlein habe.

Es ist fünf Uhr am nächsten Morgen. Der Wecker klingelt und er drückt ihn wie immer aus. Mit beiden Händen wirft er die Bettdecke nach hinten, in Richtung Fußende, wie immer. Der getroffene rechte Fuß schreit jammernd auf. Das ganze Sprunggelenk ist stark geschwollen, rot und heiß. Er versucht trotzdem den Hausschuh anzuziehen – unmöglich. Er legt sich wieder hin und schilt sich einen Narren, dass er die Schmerzmittel gestern Abend in der Küche liegen gelassen hat. Ihn und die Packung Aspirin trennt eine steile Holztreppe mit zwanzig knarrenden Stufen. Die gleiche Holztreppe trennt ihn vom Telefon.

Gegen neun Uhr hat er die Treppe endlich bezwungen, sich telefonisch im Dienst krankgemeldet, seinen Hausarzt angerufen, der verspricht, so schnell es ihm möglich wäre, zu kommen. Zwei Beutel Aspirin später, gegen vierzehn Uhr, denn es ist Mittwoch und die Arztpraxen haben an einem Mittwochnachmittag in der Regel geschlossen, erscheint der Mediziner zu einer schnellen Untersuchung. Um vierzehn Uhr zehn berichtet er, dass er sich nicht sicher sei, dass es sich um einen Gichtanfall handele. Was es genau sei, könne er nicht sagen. Sobald es dem Kranken besser gehe, solle er zu einer Blutabnahme in die Arztpraxis kommen. Der Hausarzt stellt ihm ein Rezept mit einem stärkeren Schmerzmittel aus, das bei Gicht und Rheuma besser helfen soll als das Aspirin. Vor allem aber habe es eine länger anhaltende schmerzstillende Wirkung, die nicht zu unterschätzen sei. Damit verabschiedet er sich, versichert dem Hausbewohner, er könne ruhig sitzen bleiben, denn er, der Arzt, würde den Weg nach draußen alleine finden.

Da sitzt er nun mit seinem Rezept in der Hand in seinem Ohrensessel, den rechten Knöchel mit halb herabgelassener Socke auf dem Hocker und fragt sich, wie schnell er das verschriebene Medikament zu einer nachhaltigen Linderung seines Leidens benötigen würde. Nicht dass er nicht Manns genug sei den Schmerz zu ertragen, aber am Arbeitsplatz gibt es sehr viel zu tun und er hat schließlich eine Vorbildfunktion, besonders vor jenen Frauen, die für jedes kleine Wehwehchen krankmachen.

Er lebt in einem Dorf im Berner Oberland, ruhig und abgeschieden. Er lebt alleine, schon seit vielen Jahren. Nicht dass er sich nicht nach Zweisamkeit gesehnt hätte, aber es hat nie sein sollen. Er hat sich angewöhnt, das Leben zu nehmen, wie es kommt. Er kann es ohnehin nicht ändern.

Die nächste Apotheke ist ungefähr zwanzig Kilometer entfernt. Er fragt sich, wie er das Rezept einlösen soll. Autofahren geht gar nicht. Alleine der Gedanke an die Berührung mit dem Gaspedal verursacht ihm Schmerzen. Zum Glück bleiben ihm noch zwei Beutel Aspirin-Granulat.

Kaffeepause

Ich trete aus der Kantine auf den Balkon, setze mein Kunststofftablett auf einen Tisch und ziehe mir einen Stuhl heran. Die Veranda liegt hoch oben, über dem sechsten Stockwerk, auf dem Dach des Verwaltungsgebäudes der Post Lausanne, mit Blick auf den Genfer See. Von der Avenue d'Ouchy und der Avenue de La Gare dringt der Lärm unzähliger vorbeifahrender Autos zu mir herauf, ständig fahren Züge in den Bahnhof ein und aus, rattern direkt unter mir vorbei, und die Musik, die aus der Kantine dringt, ist Teil der Kakophonie beständiger Geräusche. Lärm!

Der Himmel ist blau, die Sonne scheint mir auf den Rücken, es ist angenehm warm. Wenn ich meinen Kopf hebe, erblicke ich die vielen Häuser der Altstadt. Mit ihren grünen, roten und schwarzen Dächern liegen sie da, oft gesäumt von hohen Bäumen, deren grünes Laub jeden frechen Blick in die Zimmer vereitelt. Über mir krächzt eine Krähe, von unten, ich denke aus der Passage des Saugettes, schreit ihr ein Kakadu wütend hinterher. Wenn ich nach rechts sehe, liegt da der große See, *Lac Léman*, wie er auf Französisch heißt. Glatt wie ein Spiegel, bietet er sich Ausflugsschiffen, Seglern und Windsurfern an. Weißgraue Möwen ziehen über seinen Ufern ihre Kreise. Auf der anderen Seite des Sees liegt schon französisches Staatsgebiet. Hohe Berge fallen zu den Ufern hinab, an denen kleine Städtchen liegen. Wie ein unerschütterlicher Gott erhebt sich über ihnen der Mont Blanc mit seiner weißen Mütze. Dunkelgrüne Wälder erstrecken sich über Felsen, auch ihre Bergspitzen krönen ewige Schneekappen. Schließlich verschwindet hinter mir der See mit seinen beiden Ufern im frühherbstlichen Dunst, der sich langsam über das Wasser schiebt. Ich trinke ein Glas Orangensaft aus, schiebe den letzten Löffel Stracciatella-Eis in den Mund und stehe auf; meine Pause ist vorbei, die Akten rufen!

Du hast es erkannt: Ich bin ein Gefangener meiner Karriere!

Dabei sehne ich mich nach der zärtlichen Stille des welschen Landes, nach der goldenen Abenddämmerung über den Weizen- und Maisfeldern des waadtländischen Mittellandes. Ich möchte so gerne auf den Suchet schauen, während ich meinen Kaffee trinke, auf den kleinen

Gipfel, den runden Berg. Den Lärm der Großstadt möchte ich wohl tauschen gegen das Rauschen und Plätschern meiner drei in Kanalbetten eingezwängten Flüsse Talent, Orbe und Nozon.

Dabei würde ich gerne deine Hand halten, deinen Kopf an meiner Schulter spüren.

Wer holt mich von hier weg?

Im Hallenbad

Er hat sich lang auf die beheizte Fensterbank gelegt und schaut dem Treiben im Hallenbad zu. Das große Schwimmbecken ist total überfüllt. Wie Sardinen, so drängen sich immer neue Scharen ins Bad. Das Dreimeterbrett ist gesperrt, es ist jetzt zu gefährlich zu springen. Schrill durchdringt der Ton der Trillerpfeife des Bademeisters das Stimmengewirr und ruft einen allzu Mutigen aus dem Wasser. Ein schwergewichtiger Mann taucht wie ein Walross aus den Fluten, klettert prustend und keuchend aus dem kühlen Nass. Das grelle Scheinwerferlicht lässt das Wasser türkis erscheinen. Gleich dunklen Schatten ziehen Taucher auf dem Beckengrund vorbei. Langsam, fast wie in Zeitlupe, bewegen sich ihre Arme und Beine. Knarrend ruft der Lautsprecher Namen von Personen aus, die sich an der Kasse melden sollen. Ein kleiner Junge sucht verzweifelt seinen Garderobenschlüssel. In ausgetretenen Badelatschen und zu engen Badehosen schlurfen alte Männer vorbei. An den Düsen der Unterwassermassage lassen sich ältere Damen sprudelnd neu modellieren. Wild kraulen zwei Jungen durch das spritzende, nasse Element, verfolgt von einer Flut von Schimpfwörtern, die ihnen Erwachsene nachschicken, die sich nach links und rechts aus dem Bereich der Gefahrenzone zu retten versuchen. Am Beckenrand sitzt ein Mädchen, dessen braune, lange Haare ihren schlanken Körper fast ganz bedecken. Vier muskulöse Jungen versuchen, ihr zu imponieren.

Er erhebt sich langsam und geht zum Startblock Nummer 3. Fünf Bahnen schwimmt er, bevor er Jules bemerkt, der dicht hinter ihm schwimmt. Sie sind seit Jahren lose befreundet, Jules wohnt nur einige Häuser weiter in der gleichen Straße wie er. Nach der fünften Bahn greift er nach den kalten, nassen Fliesen des Beckenrandes. Er hört das tiefe Atmen von Jules hinter sich. Mit der rechten Hand hält dieser sich an der Edelstahlleiter fest, die aus dem Becken führt. Auf einmal nimmt er dessen warmen Bauch an seinem Rücken wahr. Jules drückt sich mit seinem Unterleib so fest an ihn, dass er dessen Geschlechtsteil spürt. Dann registriert er, wie sich Jules linke Hand in seine Badehose schiebt, von vorne, und nach seinem Glied tastet, das durch das kalte

Wasser ganz geschrumpft ist. Ein unbekanntes Gefühl durchzuckt ihn bis in die Haarspitzen. Es ist angenehm, fremdartig, verboten, verführerisch. Er entzieht sich der fordernden Hand und wirft sich in eine letzte Bahn. Im Schmetterlingsstil. Er hasst diesen Schwimmstil. Jules ist sechszehn Jahre alt. Er ist fünfzehn.

Er verachtet sich für seine Gefühle, fühlt sich schmutzig, unkeusch und sündhaft. Er nimmt sich vor, nie mehr in ein Schwimmbad zu gehen. Zwei Wochen später meldet er sich zusammen mit Jules zum Jugendtraining für Rettungsschwimmer an.

Der Löwe und der Tiger

„Höre!", sprach der Löwe zum Tiger. „Du breitest dich in meinem Lande zu sehr aus. Auch ich brauche Platz zum Leben und zum Jagen. So ziehe nun woanders hin!"

„Das könnte dir so passen!", erwiderte der Tiger böse. Seine Schnurrbarthaare zuckten nervös. „Du hast die schönsten Wälder der Welt, die klarsten Seen, die höchsten Berge und selbst das Meer stößt an dein Reich! Auch ich will etwas davon haben!"

„Du bist von Sinnen!", erzürnte sich der Löwe und schüttelte seine Mähne. „Wenn ich wollte, so könnte ich dich zerdrücken wie eine Laus! – Aber ich will nachsichtig mit dir sein! So ziehe denn hin in Frieden! Wenn dein Fuß aber morgen noch meinen Boden betritt, so erkläre ich dir den Krieg!"

„So?", lachte der Tiger höhnisch auf. „Meine Armeen sind die stärksten auf dem Erdball! Wag es nur, du mit deiner roten Mähne! Ich reiße dir den Schwanz ab und schlage ihn dir um die Ohren!"

Der Löwe verzog sein Gesicht. „Was kannst du Wicht schon auf die Beine bringen? Gewürm und Lurche?"

„Deine Politik, Gevatter Löwe, gefiel mir noch nie!", erwiderte der Tiger und in seinen Augen blitzte es. „Freund Elefant sowie Gebrüder Wolf und Hund werden mir in den Kampf folgen!"

„Ha!" Der Löwe schlug sich mit seinen großen Tatzen auf die Knie. „Der Luftkampf ist schon von mir gewonnen: Adler und Geier werden euch die Augen aushacken!"

Während sich die beiden Könige des Tierreiches noch stritten und prahlten, gesellte sich die Taube zu ihnen.

„Um was geht es in eurem Streit, Freunde?", so fragte sie sanft.

„Gevatter Löwe will mir den Krieg erklären", hohnlachte der Tiger. Seine Muskeln spielten unter dem herrlichen Fell.

„Dies tut Not!", verteidigte sich der Angeklagte. „Der Tiger dringt immer weiter in meine Lande ein!"

„Deshalb wollt ihr alle Tiere in einen Krieg ziehen? Nur weil ihr beide einander nicht leiden könnt?" Die Taube gurrte entrüstet. „Schämt euch! Ist Frieden nicht viel schöner als Krieg? Hört zu: Du, Löwe, der du wirklich den schönsten Fleck auf Erden hast, – teile mit Freund Tiger! Und du, Tiger, gebe die Hälfte deines Reiches an Gevatter Löwen ab! Auf dass Frieden unter euch beiden herrsche! Gebt euch die Tatzen und trennt euch in Freundschaft und nicht im Hass!"

Damit flog sie davon.

Die beiden Könige sahen sich an. Schließlich streckte der Tiger dem Löwen lachend die Tatze hin. „Was für eine Klugheit doch in so einem kleinen Geschöpf steckt!", meinte er und sah der Taube nach.

„Oh ja", seufzte der Löwe und ergriff die Pranke des anderen. „Komm, Freund, lass uns den Tausch bei einem Festmahl besprechen!"

„Meinst du nicht auch, dass Frieden schöner ist als Kriege?", fragte ihn der Tiger.

„Natürlich!", erwiderte der Löwe und stieß ihn in die Seite. „Das habe ich doch schon immer gesagt…"

Le coureur automobile

Le monde allait être étonné : j'avais l'assurance, depuis un certain temps, qu'une nouvelle étoile du sport automobile brillerait bientôt au ciel des rallyes et de la formule 1. Une nouvelle vedette allait s'aligner aux côtés des coureurs glorieux de notre siècle. Je voyais déjà les journalistes citer les noms de Nelson Piquet, Marc Surer, Niki Lauda, René Arnoux, Walter Röhrl… et le mien ! Quand j'annonçai la bonne nouvelle à mes parents, le torse bombé et le regard vif d'un conducteur de voitures rapides, mon père leva les yeux de son journal et me dit :
« T'es complètement fou, garçon ! T'as une bonne profession. Que veux-tu de plus ? Si d'autres imbéciles se tuent en voiture, je m'en fiche, mais pas mon fils… »
Incroyable ! Une telle réaction de la part d'un homme qui allait bientôt avoir dans sa petite famille de bourgeois un fils qui – dans très peu de temps – serait riche et… champion du monde ! Je ne les comprenais plus ! Ma mère était plus réservée. Elle secouait tout juste la tête. – Évidemment : quand mon père se mettait au volant, nous ne roulions guère plus vite qu'à cinquante kilomètres à l'heure. Et encore…
  « Tu devras arrêter ton travail à l'hôpital », fit remarquer mon frère. Eh bien ?
Mon seul problème avait toujours été l'argent. Ma famille étant trop pauvre pour m'acheter une voiture, j'avais dû attendre la fin de mon apprentissage pour m'acheter une petite Toyota. Malgré mon talent certain, comment débuter autrement que par de petites courses ? Cela coûte cher – la petite voiture ferait l'affaire pour mes débuts ! De toute façon, j'allais rapidement tomber sur un chercheur de jeunes talents…
  Avant de passer ma licence de rallye en Allemagne ou en France, je m'entraînais à rouler vite et bien. J'eus quelques difficultés à prendre des virages en dérapage contrôlé. Pour ceci, il fallait braquer le volant dans la direction que l'on désire prendre, embrayer et tirer le frein à main d'un coup sec. Ceci bloque les roues arrière et entraîne le dérapage de la voiture. – Pour ne déranger personne, et pour rester à l'abri

d'éventuels supporteurs, je m'entraînais sur les étroits chemins de notre forêt. Étant doué, j'appris vite la technique et ceci m'encouragea dans mon chemin, tracé si clairement devant moi…

Un samedi matin, une collègue de travail m'invita à dîner.

« À condition que tu m'amènes en ville faire les achats. »

J'acceptai. Installés dans la voiture, elle me demanda soudainement :

« Veux-tu bien me montrer comment les pilotes de rallye prennent les virages à toute vitesse ? »

Encore une admiratrice, pensai-je. Que pouvais-je refuser à une jolie jeune fille ?

« Pour sûr », articulai-je donc. « Mets la ceinture, ça va frapper dur ! »

Je lançai la voiture à fond. Le virage s'approcha. Je passai en troisième. Je pus distinguer clairement les petits arbres au bord de la route. Je passai en seconde. Le virage était à deux mètres, je braquai le volant, embrayai, tirai le frein à main.

« Ça va faire boum ! » m'écriai-je…

En effet. Quand je revins à moi quelques secondes plus tard, je me rendis bien compte de ce « boum ». La voiture était pliée : la portière droite avait été déplacée en arrière, complètement coincée, la roue du même côté avait pris une drôle de position…

« Ça va ? » me demanda ma collègue.

« Ne t'en fais pas, ça arrive souvent ! Je vois ça chaque semaine à la télé ! »

Sûr, sûr, seulement à la télé ce sont les écuries de course qui payent les dégâts. – Là, cela allait être moi ! Fichu arbre ! Pas plus vieux que dix ans, ce tronc ! Et le pire : il n'avait qu'une petite éraflure à l'écorce ! Je l'avais juste frôlé… – Raté mon virage de deux centimètres, au maximum ! La voiture détruite, la fierté blessée – tout cela allait encore ; je supporte beaucoup ! Mais dans cet accident, mon talent et surtout mon insouciance s'étaient écrasés également !

Bref, je n'ose plus rouler comme avant. Récemment, j'ai ouvert la page sportive d'un quotidien. Un journaliste écrivait sur Alain Prost, Michèle Mouton et Jonathan Palmer. Un seul nom y manquait : le mien !

Drei Männer und drei Tassen

Es wird schon dunkel in diesem Monat Februar. Draußen nieselt es seit den Morgenstunden: ein leichter, kalter Sprühregen, der sich wie ein feuchtes Spinnennetz auf die Haut legt. Er bringt eine Kälte mit, die bis tief in die Knochen dringt und den Rest jeder Lebensfreude aus den Menschen herauspresst, die unter ihren Regenschirmen Schutz suchen, vergebenes Unterfangen, denn der Nordwind, der seit gestern bläst, pustet gewissenlos die feinen Tropfen mal von rechts, mal von links, von oben und von unten auf die Unglücklichen.

Die drei Freunde jedoch sitzen seit dem späten Nachmittag trocken auf der dreisitzigen braunen Couch aus Kunstleder. Sie kennen sich erst seit kurzem: der Heimleiter Yann Midal, der Gendarm Mathieu Mélenchon und der ehemalige Kantonsbeamte Pierre Musso. Sie haben sich über die Ehefrauen kennengelernt, die heute gemeinsam zu einem Wellness-Wochenende verreist sind.

Sie bewegen sich nur vorsichtig, wenn sie sich nach vorne beugen, um von dem Couchtisch mit den dünnen Chromfüßen nach dem Whisky zu greifen. Yann, der Hausherr, hat sie ermahnt, das Rauchglas nicht zu zerkratzen. Seine Frau, Claudette, hänge an dem Tisch sowie an dem Sofa, auf dem sie sitzen. Seit 1971 stehe das Sofa, quasi als zentraler Mittelpunkt des Wohnzimmers, in ihrem Haus auf seinen vier dünnen, dunkelbraunen Holzbeinchen. Längst aus der Mode gekommen und nicht wirklich bequem, so erzählt er den beiden neuen Freunden, seien diese beiden Möbelstücke doch Überbleibsel aus dem Jahr, in dem die Frauen in der Schweiz das Wahlrecht erhalten haben. Ein Skandal, wie seine Frau findet, so erzählt er, denn in der Sowjetunion hätten die Frauen schon seit 1917 wählen dürfen. Die moderne, westliche Schweiz: vierundfünfzig Jahre länger als die Russen in einem mittelalterlichen Zustand... Seine Frau habe die Couch und den Tisch von ihren ersten Gehältern als Laborantin erstanden und seither begleitet dieses Mobiliar wie eine Triumphtrophäe die später eingegangene Ehe. Er nimmt einen Schluck aus dem Glas (drei Jahre alter Scotch Blended Whisky, im Fass gelagert) und lacht kurz auf. Ob schlüpfrig oder verbittert – er weiß es nicht. Er habe seiner Frau auf diesem Sofa noch nicht einmal ein Kind machen dürfen, erzählt er. Der Alkohol löst ihm die Zunge. Das Sofa sei heilig. Die beiden sollen sich ja nur vorsichtig bewegen, damit nichts kaputtginge. Er zeigt auf einen Kunstdruck hinter ihnen, der gerahmt an der Wand über dem Sofa hängt. Sie müssen sich auf dem Sofa umdrehen und den Hals verrenken, um nach oben auf eine Berglandschaft zu schauen. Das Bild sei von dem italienischen Maler Antonio Ciccone. Es stelle das nördliche Vorgebirge Apuliens an der Ostküste Italiens dar, den Gargano. Ob er schon einmal da gewesen sei, zum Beispiel auf Hochzeitsreise, fragt ihn Mathieu. Das sei lange her, mit der Hochzeitsreise, erwidert der Hausherr und gießt allen dreien zwei Finger voll Whisky nach. Daran könne er sich schon gar nicht mehr erinnern. In Italien seien sie jedoch nicht gewesen. Wenn er sich recht entsinne, hätte sie die Reise nach Südfrankreich geführt. Nein, er wäre noch nicht im italienischen Stiefel gewesen. Welchen Bezug er und seine Frau denn dann zu diesem Bild hätten, fragt Pierre. Er habe gar keinen Bezug dazu, antwortet der Hausherr. Aber 1981 sei bekanntlich durch die Volksabstimmung vom 14. Juni das Gleichstellungsrecht von Mann und Frau in die Bundesverfassung aufgenommen worden. Drei Tage später sei seine Frau abends von der Arbeit mit diesem Kunstdruck nach Hause gekommen und seitdem hänge das Bild über der Couch.

    Draußen regnet es weiter. Ab und zu klatscht ein dicker Wassertropfen an die Scheibe. Im Haus jedoch wärmt ihnen der Whisky Körper und Seele. Sie trinken den Schotten aus Tassen. Das war so abgesprochen. Aus Trotz, denn ihre Frauen hätten diesen Stilbruch getadelt. Die Tasse von Yann ist rundum geschmückt mit allen Schweizer Kantonswappen. Die von Mathieu ist dunkelblau, mit weißem Schriftzug: *Pour le meilleur papa du monde* (für den besten Vater der Welt), ein Geschenk seiner Kinder von vor fünfzehn Jahren. Pierre schließlich, pensionierter Steuerbeamter aus Lausanne, hat seine ehemalige Bürotasse mitgebracht, rot mit weißem Kreuz. Die Flasche Whisky ist halb leer. Oder halb voll, das ist Ansichtssache. Und sie sind endlich einmal unter sich, drei Männer, seit über dreißig Jahren verheiratet, denen das Eheleben häufig durch die Frauen schwergemacht wird. Sie stellen schnell fest, dass ihre besseren

Hälften die gleiche Sprache sprechen: *Tue dies und lasse jenes!* Und: *Habe ich dir nicht schon tausendmal gesagt...* Oder: *Kannst du dich nicht anständig benehmen?* Yann äußert, dass sie den eigenen Ehemann anscheinend mit den Kindern verwechseln. Die beiden anderen zucken nur resigniert mit den Schultern. Demokratie und Gleichberechtigung funktionieren in der Ehe nicht so recht, stellen die drei fest. Wie es sich herausgestellt hat, ist beides nur für die Frauen geschaffen worden. Mathieu weiß, dass der Begriff Demokratie aus dem griechischen stammt und *Herrschaft des einfachen Volkes* bedeutet. Er betont das Adjektiv *einfach* und grinst etwas blöde. Ihr versteht doch: *einfach ... die Frau*. Alle drei grienen und fühlen sich etwas besser. Pierre, der älteste von ihnen, philosophiert, dass seine Lebenserfahrung ihn gelehrt habe, dass sich das demokratische Miteinander der Verlobungszeit nach der Eheschließung schnell in eine einseitige Diktatur verwandeln würde, zuerst schleichend, wie ein Gift, dass man jeden Tag einnimmt, aber nicht bemerkt, schließlich, wenn die Symptome schmerzhaft werden, nicht mehr rückgängig zu machen ist. Die beiden anderen nicken bedächtig. Ganz so schlimm sei es bei ihm nicht, sagt Mathieu schleppend, es sei eher eine Monarchie. Das liefe auf das gleiche hinaus, erwidert Pierre. Am Ende habe immer nur eine das Sagen. Zustimmendes Nicken.

Yann gießt noch einmal einen großzügigen Schluck Whisky in jede Tasse. Die Flasche ist nun fast leer. Er wolle nicht so viel trinken, sagt Mathieu. Er müsse noch nach Hause fahren. Yann lädt seine beiden neuen Freunde ein, in seinem Haus zu übernachten, die Kinder wohnen ja nicht mehr hier, ihre Zimmer seien frei. Eigentlich sei es ja das Haus von Claudette, auch wenn ihm vertraglich die Hälfte des Besitzes gehören würde. Aber alle wichtigen Entscheidungen träfe ja seine Frau. Betrübt schüttelt Pierre den Kopf. Während der Messe am vergangenen Sonntag habe der Pfarrer in der katholischen Kirche über die Unterwürfigkeit der Ehefrauen gepredigt. Darüber könne dieser ruhig predigen, erwidert Mathieu, er habe ja keine. Das sei so eine Sache mit der Theorie und der Praxis. Dummschwätzer. Oder Besserwisser, schwächt er ab.

Yann sagt, er werde noch eine Flasche Whisky aus dem Keller holen.

Er habe sie vor Claudette erfolgreich versteckt. Er muss zweimal Anlauf nehmen, um sich von der alten Couch zu erheben. Die dünnen Couchbeine stöhnen. Als er nach zehn Minuten zurück ins Wohnzimmer kommt, haben seine beiden Freunde zwischenzeitlich den Abort aufgesucht. Stolz berichtet Mathieu, der Gendarm, dass er im Stehen gepinkelt habe. Pierre lacht dümmlich: Er hoffe, dass Mathieu wenigstens die Brille hochgeklappt habe. Yann verzieht schmerzhaft das Gesicht. Wenn seine Frau das herausbekäme, sagt er, dürfe er wieder von Hand die Kloschüssel schrubben. Das sei unerhört, ereifert sich Mathieu, nicht einmal das bliebe uns Männern. Was, fragt Pierre. Dass wir im Stehen pinkeln dürfen, sagt Mathieu. Das wollen die Frauen doch nur nicht, weil sie sich zum Urinieren hinsetzen müssten. Purer Neid, reine Schikane, sei das. Oder habe einer von den beiden anderen schon einmal eine Frau im Stehen pinkeln sehen? Yann hebt die rechte Hand. Früher, vor langer Zeit, auf der Fahrt in den Hochzeitsurlaub, das fiele ihm gerade ein, habe er das einmal gesehen. Auf einer Autobahnraststätte im Süden Frankreichs. Dort mussten sich Männer und Frauen gleichermaßen breitbeinig hinhocken und ihr großes und kleines Geschäft verrichten. Da gab es kein Klo. Aber das habe mit Gleichberechtigung gar nichts zu tun, versichert er. Die Erklärung läge auf der Hand: So bräuchten die Reinigungskräfte nur mit einem großen Schlauch und viel Wasser die WC-Kabinen ausspritzen, schon sei alles wieder sauber.

Die drei versinken in tiefes, alkoholisches Brüten. Ab und zu schnauft einer der Freunde laut auf, dann legt sich wieder Stille über den Raum. So sinnieren sie minutenlang über ihr Elend nach, bis Pierre schließlich vorschlägt, eine Selbsthilfegruppe für leidgeprüfte Ehemänner zu gründen. Dann könnten sie immer frei über alles reden, wie heute, ohne sich Gedanken über das wirkliche Bild eines Mannes machen zu müssen, wie ihre Frauen das erwarten, unterstreicht er seinen Vorschlag. Oder hätten die anderen etwa Angst über ihre Gefühle und Sorgen zu sprechen? Heftiges Kopfschütteln. Der Hausherr gießt noch einmal schottischen Whisky nach, die drei heben ihre halbvollen Tassen und stoßen gemeinsam auf die weisen Entscheidungen des Abends an.

So könne man jetzt aber nicht zu Bett gehen, sagt Mathieu. Er sei dafür, dass die neu gegründete Selbsthilfegruppe noch heute Abend erste Entscheidungen träfe, um ihre Lebenssituation zu verbessern. Schließlich ist es der Hausherr selbst, der daran erinnert, dass das Streikrecht fester Bestandteil einer jeden Demokratie ist. Und die Schweiz sei schließlich das Mutterland der wahren Demokratie, oder etwa nicht? Man müsse von diesem Recht einfach einmal Gebrauch machen. Nicht um die Ehefrauen zu ärgern, vielmehr aus Liebe, um ihnen deutlich zu machen, dass in der Ehe nicht der eine über den anderen herrschen dürfe. Sie diskutieren eine Weile über die Sinnhaftigkeit einer solchen Maßnahme, doch schließlich stimmen Mathieu und Pierre dem Vorschlag zu. Sie beschließen, ab sofort samstags nicht mehr die Häuser zu staubsaugen. Doch das sei nicht genug, sagt Pierre. Er schlage vor, dass sie ihre Frauen auch nicht mehr zum Einkaufen fahren sollten. Das treffe eine Frau noch viel mehr. Dann könne die seine, die Bernadette, ihm bei Migros oder Coop, wenn er einmal zwei oder drei Meter von dem Einkaufswagen wegginge, um sich etwas in einem Regal anzuschauen, nicht mehr hinterherrufen, ob er nicht endlich einmal bei ihr bleiben könne. *Kannst du mal hierbleiben*, riefe sie immer – vor allen Leuten. Er wisse gar nicht warum, denn er würde den Laden ja nicht verlassen, aber sie täte das schon seit vielen Jahren, immer und immer wieder. Manchmal würden die anderen Kunden lachen. Damit sei jetzt Schluss! Der Vorschlag wird für gut befunden und angenommen. Immerhin, sagt Yann, hätten die Frauen ja alle einen Führerschein und könnten auch alleine fahren.

Da sitzen die drei Freunde auf der Couch der siebziger Jahre und krempeln sich die Ärmel ihrer Hemden hoch. Es ist ihnen warm geworden. Besonders ums Herz, denn sie haben zum ersten Mal seit über dreißig Jahren ihr Leben wieder in ihre eigenen Hände genommen. Die schicksalsergebene Gleichmütigkeit ihrem unauflöslichen Ehebund gegenüber, ist einer entschlossenen Verwegenheit gewichen.

Seelig lächelnd sitzen sie da, während draußen der Sprühregen kalt und undurchdringlich jede Sicht auf ein besseres Leben verhängt. Sie sitzen auf dem Heiligtum von Claudette, der gleichberechtigten Ehefrau des Hausherrn. Sie haben dieses altmodische, surrealistische

Möbelstück besetzt, das gar nicht einmal mehr so unbequem anmutet, wie es ihnen mittlerweile erscheint. Ihre Schultern berühren sich männlich und sie heben ihre drei Tassen, diese drei mutigen Männer, die beschlossen haben, sich gegen die Herrschaft der Frauen aufzulehnen und stoßen auf das neu gegründete Bündnis an: *Vive L'Écosse, vive la Suisse, vive les hommes!*

Die Unvernunft des Alters

Zuerst haben meine Kinder gesagt, ich sei schusselig, ich solle mich besser konzentrieren. Sudoku würde mir dabei helfen. Bei jedem ihrer Besuche haben sie mir Berge von Heften mit diesem rätselhaften, unverständlichen Zahlenspiel mitgebracht. Logisch soll es sein. Für mich sieht es aus wie eine Anzahl von Zahlen, die in einem Becher wild geschüttelt und dann in verschiedene Kästchen gekippt wurden. Und mit Zahlen hatte ich es so und so noch nie. Ich war froh, wenn ich im Mathematikunterricht bei einer Klassenarbeit meine Spickzettel im Rechenschieber verstecken konnte. Oder war es eine Schieblehre? Ich habe vergessen, wie wir diesen Rechenstab nannten. Ich weiß noch ganz genau, wie mein Mathelehrer hieß: Bruckner. Ich glaube fast, er hat meine kleinen Betrügereien genau bemerkt und nur aus Mitleid mit mir geduldet. Aber das ist lange her. Spaß hat mir Mathematik erst gemacht, als ich auf dem Gymnasium in Lausanne eine Rechenmaschine benutzen durfte.

Vor etwa über einem Jahr haben meine Kinder angefangen, mich ganz merkwürdig anzuschauen. Sie sind häufiger zu mir gekommen, als in all den Jahren vorher. Vielleicht liegt das daran, dass ihre Mutter vor zwei Jahren gestorben ist. Oder sind es schon drei? Egal, sie ist eines morgens die Treppe hinabgestürzt und war tot. Ein Schlaganfall hat der Notarzt gesagt. Nein, es war eine Notärztin, eine sehr junge Frau. Blond war sie, mit einem kurzen Pferdeschwanz. Sie hatte schöne lange Finger mit gepflegten Nägeln. Aber sie hat meiner lieben Bertille nicht mehr helfen können. Achtundachtzig Jahre alt ist sie geworden, meine Bertille. Sie war drei Jahre älter als ich. Ich bin 1929 geboren. Am 15. Dezember, im Krankenhaus in Orbe. Auf der *maternité*. Es war eine schwere Geburt, hat mir meine Mutter erzählt, sie lag tagelang in Wehen und schließlich wollte ich nicht auf die Welt kommen und der Arzt – ich habe seinen Namen vergessen – musste mich mit einer Zange herausziehen. Aus dem Mutterleib herausziehen – das stelle man sich einmal vor. Unglaublich. Aber meine Mutter hat nie gelogen, also muss es wahr gewesen sein. Sie war eine gute Mutter. Und jetzt ist sie tot, meine Bertille, und meine Kinder haben mich weggeschickt.

Ich sei unvernünftig, haben sie gesagt, weil ich zuhause bleiben wollte. Warum sollte ich auch weg aus dem Haus, das ich für Bertille und mich gebaut habe? Ich habe dort über fünfzig Jahre gelebt, oder noch länger. Egal, aber sie wollten es nicht, keiner von den dreien. Habe ich schon gesagt, dass ich zwei Söhne und eine Tochter habe? Liegt es vielleicht daran, dass ich einmal vergessen habe, die Herdplatte auszustellen? Ich wollte mir eine Suppe kochen und bin dabei über der Zeitung eingeschlafen. Ich sei durch den Garten geirrt, haben sie mir gesagt, aber das stimmt doch gar nicht. Ich bin einfach beim Bibellesen eingeschlafen. Oder habe ich etwas gesucht? Meine Kinder haben gesagt, dass das nicht das erste Mal gewesen sei. Irgendwann, hat meine Tochter mir gesagt und mich dabei in den Arm genommen, würde mir einmal das Haus über dem Kopf abbrennen. Ich habe sie weggestoßen und ihr gesagt, sie solle verschwinden. Wenn sie mein Haus haben wolle, müsse sie schon warten, bis auch ich tot bin. Wie ihre arme Mutter. Als wenn ich mein eigenes Haus anzünden würde...

Eines Tages ist mein ältester Sohn gekommen und hat mich zu einer Spazierfahrt mitgenommen. Er hat mich zu einem Stück *tarte aux pommes* – oder war es ein Stück *tarte aux poires* – eingeladen, und auch zu einer Tasse Kaffee. Danach hat er mich zur Erholung in eine entsprechende Klinik gebracht, wie er gesagt hat. Vorübergehend. Und ich solle einmal schauen, ob es mir dort gefallen würde. Ich verstehe das nicht, denn das Zimmer, in das man mich gebracht hat, war mit einigen meiner eigenen Möbel ausgestattet. Ich bin doch nicht dumm, ich habe sie wiedererkannt. Mein alter Lehnsessel, den ich vor ungefähr fünfzig Jahren einer amerikanischen Kollegin abgekauft habe, die zurück in die Heimat ging und den Bertille und ich mindestens dreimal haben neu beziehen lassen, weil wir uns von ihm nicht trennen konnten – er steht jetzt in einer Ecke, unter einer Wand voller Familienfotos, die ich mit Bertille alle eigenständig gerahmt habe, die aber doch ganz woanders hängen müssten. Dann ist da mein alter Schreibtisch, den ich, als die Kinder noch ganz klein waren, für einhundert Franken in einem Antiquitätengeschäft erstanden habe. Eigentlich war er immer viel zu klein, besonders seitdem ich einen Computer zu Hause benutzte. Jetzt steht er vor einer Heizung, zwischen zwei Fenstern. Er stand doch bislang in meinem Büro, im ersten Stock? Dafür fehlen ganz viele andere Dinge. Einige Bücher sind auf den zwei Bücherregalen an der Wand, die nicht meine sind, aber es fehlt eine ganze Sammlung der Gaston Lagaffe-Comics. Wenigstens ist meine große Hausbibel da, die ich von meinem Großvater geerbt habe. Ich verstehe das alles nicht! Was geht hier vor?

Die Tage vergehen und auch wenn ich keinen Kalender in meinem Zimmer habe, bin ich sicher, dass es schon Wochen oder gar Monate sind. Wie lang soll diese Zeit hier denn noch gehen? Ab und zu kommt eines der Kinder mich besuchen, meistens ohne die Enkel, die ich so gerne sehen würde. Sind es fünf oder schon mehr? Wie heißen sie doch einmal alle gleich? Wenn ich die Kinder frage wann sie mich wieder mitnehmen, wechseln sie schnell das Thema. Als würde ich es nicht bemerken. Aber ich bin doch nicht verwirrt! Ich bekomme das alles mit. Ich komme mir vor, als ob mich meine Kinder in ein Asyl gesteckt hätten. Aber das kann nicht sein; das täten meine Kinder nicht! Sie wissen, dass ich mir immer gewünscht habe, zu Hause zu sterben, in meinen eigenen vier Wänden, in meinem Bett. Warum sollten sie mich weggeben? Wo ich doch alles für sie getan habe.

Sie sind böse, meine Kinder, undankbar. Ich will sie nicht mehr sehen!

Der älteste ist gut geraten. Er macht als Betriebswirt seinen Weg in einem großen Pharmakonzern in Basel. Meine Tochter ist Hotelfachfrau in einem Fünf-Sterne-Hotel in Genf. Ich weiß gar nicht, wie sie diesen Beruf machen kann, in dem sie gar kein Geld verdient, mit diesen ungünstigen Arbeitszeiten. Und mein Jüngster? Der hat studiert und ist jetzt Professor an der Universität in Lausanne. Alle drei sind verheiratet. Alle drei haben Kinder. Meine Enkelkinder. Wie viele sind es doch gleich noch einmal? Ich weiß es nicht, es ist egal, ich liebe sie alle. Ich bin stolz auf meine Kinder, sie sind gut geraten. Das verdanken sie Bertille, meiner Frau. Sie kommt mich regelmäßig in der Rehabilitation besuchen, Bertille. Manchmal auch nicht, wie heute. Ich warte schon so lange auf sie…

Das ist eine komische Klinik hier. Man darf die Station nicht einfach verlassen. Die Tür ist nicht abgeschlossen, aber man darf nicht hinausgehen. In dem Zimmer neben dem meinen wohnt ein alter Mann, der ist komplett verrückt. Der läuft immer weg. Jedes Mal muss ein Pfleger ihn suchen und zurückbringen. Überhaupt sind auf dieser Station alle nicht mehr ganz richtig im Kopf. Einige können nicht einmal mehr richtig alleine essen. Manche laufen den ganzen Tag den Flur auf und ab, andere brabbeln unverständliches Zeug vor sich hin. Ich will hier nicht bleiben, ich fühle mich hier nicht wohl. Ich weiß nicht, wer meine Möbel mitgebracht hat, ich weiß nicht warum. Ich werde Bertille nachher, wenn sie mich besucht, sagen, die Möbel sollen wieder nach Hause gebracht werden, wo sie hingehören. Ich will nicht, dass man meine Sachen einfach verstellt, ohne mich zu fragen. Aber Bertille ist doch tot? Sie ist nämlich vor ungefähr drei Jahren, oder sind es vier, von der Treppe gestürzt und war sofort tot, wie die junge Ärztin gesagt hat, die mit dem Rettungswagen gekommen ist. Ganz jung war sie und sie hatte wunderschöne Hände mit langen Fingern.

Vor ein paar Tagen habe ich gesehen, wie sie einen Schalter hinter der Plastikpflanze, links neben der Ausgangstür der Station, angebracht haben. So einen, wie man benutzt, um das Licht ein- und auszuschalten. Ich verstehe nur nicht, warum sie ihn so hoch angebracht haben. Das ist doch mühsam, wenn man sich fast auf seine Zehenspitzen stellen muss, um die Tür zu öffnen. Das ist nämlich ein Schalter, den man bedienen muss, um die Ausgangstür zu öffnen. Ich habe genau gehört, wie der Handwerker das gesagt hat. Dann hat ein anderer Handwerker einen großen roten Farbstrich quer über den Flur gezogen, ungefähr einen Meter von der Tür entfernt. Ich verstehe das nicht, das ist doch hässlich. Zu was soll das nutze sein? Ich habe schon ein paar Mal vor diesem Strich gestanden und mich nicht getraut draufzutreten, man weiß nie. Vielleicht ist etwas darunter versteckt oder es tut einfach nur weh, wenn man mit dem Fuß drauftritt.

Aber heute habe ich beschlossen, weil Bertille und die Kinder nicht kommen, selbst zum Friedhof an das Grab meiner Frau zu gehen. Ich muss nur aufpassen, dass das Pflegepersonal es nicht merkt, denn das Verlassen der Station ist in dieser Klinik nicht erlaubt. Dauernd fasst jemand mich an, ständig redet jemand auf mich ein. Als wenn ich ein kleines Kind und kein erwachsener Mann wäre. Ich kann doch meine Entscheidungen selber treffen. Seit wann muss ich gegenüber einem Fremden Rechenschaft dafür ablegen, was ich tue? Ich bin schließlich mündig.

Ich bin ja nicht dumm! Ich stelle mich einfach vor den großen roten Strich vor der Tür und als keiner hinschaut, mache ich einen großen Schritt über ihn hinweg, ohne ihn zu berühren. Das gelingt nicht mehr ganz so geschmeidig wie mit zwanzig Jahren, aber ich finde, dass ich das für mein Alter gut gemacht habe. Niemand hat etwas bemerkt. Ich schiebe den Kübel mit der großen, grünen Plastikpflanze zur Seite, in die mein Nachbar schon einmal gepinkelt hat, weil er wohl gedacht hat, er stände im Garten an einem Gebüsch. Er ist komplett verrückt! Das weiß hier jeder. Nur er merkt es nicht. Ich stelle mich auf meine Zehenspitzen und wenn ich den linken Arm ganz ausstrecke, komme ich an den Schalter, der die Tür öffnet.

Als ich die Eingangshalle der Klinik (oder ist es doch ein Asyl?) so schnell, wie ich nur irgend kann, durchquere und den Ausgang suche, um noch bei Tageslicht zum Friedhof zu kommen, sehe ich, wie in einem Büro eine Frau mittleren Alters mich erstaunt anschaut und zum Telefon greift. Es ist mir egal, ich kann tun und lassen was ich will. Ich bin ein erwachsener Mensch.

Der Pfleger fängt den verwirrten alten Herrn auf den Besucherparkplätzen vor dem Pflegeheim ab. „Na, Monsieur Leresche", sagt er freundlich und läuft neben dem Senior her. „Ist es nicht ein wunderschönes Wetter hier draußen? Wollen wir eine Runde durch den Park gehen? Schauen Sie mal..." Er zeigt dem Bewohner einen schönen Schal aus Merinowolle. „Ich habe Ihnen auch Ihren Schal und Ihren Mantel mitgebracht. Es ist doch noch ein wenig kühl draußen."

Senescere

Der Erdenbewohner liegt in seinem Bett und friert. Er liegt unter einer Gänsedaunenbettdecke, die seine Kinder ihm zum letzten Geburtstag geschenkt haben. Hundert Prozent Gänsedaunen, ein hochwertiges Naturprodukt. Darüber hat die Pflegerin eine Kuscheldecke, wie sie es für sich nennt, aus Kamelwolle gebreitet. Bis zu seiner Unterlippe steckt er in den Decken. Sein heißer, unregelmäßiger Atem streicht feucht am Saum des Baumwollbezuges entlang. Das Thermostat des Heizkörpers ist ganz aufgedreht und doch will die eisige Kälte aus seinen Knochen nicht weichen. Er spürt sie in den Fußspitzen, in den Knien, sie kriecht die Wirbelsäule bis zur Schädelbasis empor und macht nicht einmal vor Armen und Händen halt.

An einem Tag sagt der Mensch zu seiner Pflegerin: „Das Altwerden ist eine Krankheit." Er sagt es laut und deutlich, mit fester Stimme. Einen Augenblick lang ist die Pflegerin erschrocken, denn so klar hat er schon lange nicht mehr gesprochen. Sie spürt, wie der greise Blick ihr folgt, während sie ihrer täglichen Verpflichtung, für die sie bezahlt wird, nachgeht. „Sie sprechen nicht gerne darüber", fährt er schließlich fort, da sie ihm nicht antwortet. Und leiser, wie zu sich selbst: „Sie ist ja auch unheilbar. Es bereitet keine Freude, über Krankheiten zu sprechen, die unheilbar sind." Er holt rasselnd Luft. „Haben Sie eigentlich eine Ahnung, wie viele Wissenschaftler in den letzten Jahrhunderten nach Mitteln und Methoden zur Unsterblichkeit gesucht haben?" Die Pflegerin dreht sich zu ihm um. Sie hält das Staubtuch in der rechten Hand. Viel sieht sie von ihm nicht, unter den Decken: einen schmallippigen Mund, eine spitze Nase, eine Hand voll Falten, dünnes, schütteres, weißes Haar, das sich wie ein Spinnennetz über seinem Schädel legt. Aber die Augen sind von einem tiefen Blau, lebendig, hellwach, besitzergreifend. „Merken Sie eigentlich, dass auch Sie sterben?" Die Pflegerin erwidert immer noch nichts, runzelt die Stirn. „Sie brauchen gar nicht so zu schauen, ich habe alle meine sieben Sinne beisammen. Vom Mutterleib an, vom allerersten Monat ihres Lebens an sind sie von dieser Krankheit infiziert. Dafür ist kein Biss, kein Kratzer, kein Stich notwendig. Sie merken nicht einmal, wie sich dieses unsichtbare

Geschwür in ihrem Körper ausbreitet, von Lungen, Herz und Leber Besitz ergreift und sich an Ihren grauen Zellen vergreift. Schauen Sie mich an und Sie werden sehen, dass ich wahr spreche."

Die Pflegerin nimmt an, dass es mit dem Greis zu Ende geht und zieht einen Stuhl ans Bett. Wenn er das Bedürfnis hat zu reden, dann würde sie halt später Staub wischen. Sie sieht, wie sich die Falten im Gesicht des Alten verziehen. Er lächelt. „Jetzt sitzen Sie hier neben einem Sterbenden, wissen nicht was Sie sagen und schon gar nicht was Sie aus Ihrem kurzen Leben machen sollen. Empfinden Sie es als sehr unangenehm, zu wissen, dass Sie seit Ihrer Geburt zum Tode verurteilt sind?" Und ohne auf eine Antwort zu warten fährt er mit einem tiefen Seufzer fort: „Dabei ist der Tod noch die langersehnte Erlösung vom Altern. Es ist schon sittenwidrig, wie wir Menschen nach allen möglichen Mitteln gegen die Grippe, den Keuchhusten und den gefürchteten Krebs suchen, die dem Altern doch ein schnelles Ende bereiten würden."

Ihr Patient hat die einhundert Jahre überschritten. Wenn sie die Decke aus Kamelwolle und dann die Gänsedaunenbettdecke wegzieht, um ihn zu waschen oder die Inkontinenzmittel zu erneuern, begegnet ihr eine Handvoll Knochen, mit lediger Haut umspannt, dünne Ärmchen und Beinchen, die sie mit ihrer schmalen Hand umschließen kann, so dass sich ihr Daumen und ihr Zeigefinger an den Spitzen wieder berühren. Er ist nicht der erste Greis, den sie pflegt. Manche ihrer ehemaligen Patienten sind schnell gealtert und in kurzer Zeit verfallen. Andere hingegen haben jahrelang gelitten, ohne dass ein Arzt ihnen wirklich Erleichterung hat verschaffen können. „Kein Mensch kann sich dem Altern und dem Sterben entziehen", fährt der Alte fort. „Über Nacht kommt die Krankheit zum Ausbruch: Die Hände zittern, die Knie werden weich, man verliert das Gedächtnis, Körper und Geist kommen um ihre Kondition. Was bleibt zurück? Ein Greis, ein Wrack, eine Ruine, – das Ergebnis des Alterns. Und dann diese Kälte, diese Kälte…"

Er verstummt. Eine unsichtbare Hand zieht einen Vorhang vor seine blauen Augen. Sein Atem rasselt unregelmäßig. Die Pflegerin erkennt, dass er alles gesagt hat, was er sagen wollte. Sie hat kaum ein Wort verstanden. Sie kommt aus einem kleinen Dorf im Osten Polens und spricht die hiesige Landessprache nur wenig. Sie nimmt das Staubtuch und fährt damit über die Fensterbänke. Dabei denkt sie an ihre beiden kleinen Enkel in Polany, einem Dorf in der Landgemeinde Wierzbica: an den kleinen Dariusz, sieben Jahren und an seine Schwester Michalina, vier Jahre. Wenn man sie für die Pflege in diesem Haus nicht mehr benötigen wird, kann sie nach Hause und ihre *ulubieńcami* verwöhnen.

Die Diakonisse und der Ferrari

Sœur Francine Bertoud hat sich mit Mitte zwanzig zu einem einfachen Leben, der Ehelosigkeit und dem Gehorsam verpflichtet. In einem Einsegnungsgottesdienst wurde sie unter Handauflegen gesegnet. Seither trägt sie Schwesterntracht: ein dunkelgraues Kleid, eine weiße Schürze und einen weißen Schleier. Sœur Francine ist Krankenschwester und hat ihren Dienst am Patienten über viele Jahrzehnte verrichtet. Als sie in den Krankenpflegedienst eingetreten ist, kannte man noch keine verbindlichen Arbeitszeitregelungen; der diakonische Dienst im Auftrag Jesu Christi stand im Vordergrund. Später, als die Leitung des Krankenhauses nicht mehr von der Gemeinschaft der Diakonissen wahrgenommen wurde und immer mehr Laienpersonal den Krankenpflegedienst übernahm, wurde der evangelischen Ordensschwester die Leitung der Poststelle für das ganze Ordensareal übertragen. Sœur Francine ist glücklich, zu dem im Jahr 1842 gegründeten Orden der Waadtländer Diakonissen zu gehören. Aber sie ist ein Einzelgänger, mürrisch, manche sagen: launisch. Es hat Stimmen gegeben, die der Ansicht waren, sie hätte gerne geheiratet. Andere sagen, sie wäre aufgrund einer unglücklichen Liebe in der Jugend in den Orden eingetreten. Jetzt ist sie alt und verbringt ihren Lebensabend, zusammen mit den wenigen Schwestern, die noch leben, im Mutterhaus.

1981 erblickte der Ferrari 308 GTS das Licht der Welt: Drei Liter Hubraum, acht Zylinder. „GT" steht für Gran Turismo („große Fahrt"), die Bezeichnung für relativ komfortable und stark motorisierte Sportwagen. Das „S" steht für die Version *Spider*, eine offene Karosseriebauform mit einem klappbaren Verdeck. Die leuchtend rote Farbe seiner Karosserie (Rosso Red) und der röhrende Sound seiner starken Maschine lässt jedes Männerherz höherschlagen. In der US-amerikanischen Krimiserie um den Privatdetektiv Thomas Magnum begleitet dieses Kunstwerk aus der italienischen Autoschmiede den Zuschauer in den Jahren von 1980 bis 1988 durch hundertzweiundsechzig Episoden. Mit Anfang zwanzig gehörte ich zu einer Gruppe junger Männer, die ihr Herz an diesen Sportwagen verschenkt hatten. Es war uns allen klar, dass wir den unbezahlbar teuren, schönen Boliden nie unser

Eigentum nennen würden. Aber ihn wenigstens einmal fahren, die Gewalt der zweihundertdreiundzwanzig Pferdestärken spüren, wie sie einen in die Sportsitze drücken... Unser Traum!

1984 begegnen sich Sœur Francine Bertoud und der Ferrari 308 GTS auf dem kleinen Parkplatz vor dem Mutterhaus der Diakonissenanstalt von Saint-Loup, Pompaples, Kanton Waadt, Schweiz. Der Betrachter dieser Szene, der hier als Zeuge auftritt, sieht zuerst den Sportwagen von hinten, als er, nach einer Wanderung durch die Wälder bei Saint-Loup, um das Mutterhaus herum in Richtung Hubschrauberlandeplatz läuft. Abrupt bleibt er stehen, sein Herz macht einen Satz, der Puls fängt an zu rasen – mit mindestens zweihundertzwanzig Sachen pro Minute. Die Tür des Mutterhauses öffnet sich und ein gut gekleideter Mann, vielleicht zwanzig Jahre älter als er selbst, verlässt das Haus und nimmt hinter dem Lenkrad des Sportwagens Platz. Zwei, drei, vier Minuten geschieht nichts. Der Beobachter wagt nicht, sich zu rühren, aus Furcht, diesen unerwarteten Traum zu zerstören. Dann sieht er, wie die große Eichentür zum Mutterhaus der Diakonissenanstalt sich erneut öffnet und die alt gewordene Postschwester Francine heraustritt. Nach vorne gebeugt, gestützt auf einen Gehstock, geht sie über den Kies des Vorwegs, behänder als üblich, umrundet den Sportwagen und steigt auf der Beifahrerseite ein, als würde sie tagtäglich in diesem roten Rennauto durch den Kanton Waadt chauffiert werden. Ein Griff zum Sicherheitsgurt, der Wagen brüllt kurz auf, Kies spritzt bis fast zum Beobachter, der diese Begebenheit hier und jetzt im Angesicht der heiligen Stätte, auf der er gestanden hat, bezeugt, und dann kehrt wieder Ruhe ein unter den Klippen von Saint-Loup.

Im Herzen des Beobachters jedoch meldet sich die Missgunst zu Wort. Es ist Sonntag, der Tag des Herrn.

Doppelte Moral

Die folgende Begebenheit ist so wahr, wie sie nur wahr sein kann. Sie hat sich im Norden Deutschlands zugetragen und ist von einem Augenzeugen wiedergegeben worden. Vielleicht muss ich besser sagen: Ohrenzeugen, denn der Garant für die Wahrhaftigkeit dieses traurigen Geschehens hat den Ereignissen nicht zugeschaut, sondern aus verlässlicher Quelle von ihnen gehört. Doch beginnen wir am Anfang.

In einem Pflegeheim, wie gesagt im Norden Deutschlands, stellt sich Anfang Januar 2015 ein junger Mann der Heimleitung vor und bewirbt sich um die Stelle als Wohnbereichsleiter, in der gleichzeitigen Funktion des stellvertretenden Pflegedienstleiters. Sein äußeres Erscheinungsbild ist gepflegt, er ist selbstsicher, redegewandt, voller Überzeugungskraft. Er bietet seine Arbeitsleistung an, und er verkauft sich gut. Die beiden Leitungskräfte, die für die Einstellung verantwortlich zeichnen, sind begeistert. Der Mann erhält einen unbefristeten Arbeitsvertrag und nimmt seine Arbeit am 1. Februar auf.

In Deutschland ist es so, dass Mitarbeiter aus dem Topmanagement den Aufsichtsbehörden und Kostenträgern das eingestellte Personal melden müssen. Dieser Meldung ist ein sogenanntes Führungszeugnis beizufügen, dass bei uns in der Schweiz Strafregisterauszug genannt wird. Es handelt sich hierbei um eine behördliche Bescheinigung über bislang registrierte Vorstrafen einer Person. Der junge Mann verzögert das Hereinreichen dieser Bescheinigung über viele Tage. Zu viele Tage. Angesprochen von den beiden Leitungskräften, die ihn eingestellt haben, bittet er um ein Gespräch, das auch kurzfristig zustande kommt. Nun erzählt er dem Heimleiter und dessen Stabsstelle für Personalentwicklung, dass er vorbestraft sei. Zu Unrecht, wie er unterstreicht. Die Großeltern seiner damaligen Lebensgefährtin, so berichtet er von sich aus, haben den beiden zu der gemeinsamen Verbindung ein großzügiges Geldgeschenk machen wollen. Da sie nicht mehr fähig gewesen waren, alleine die Schecks auszustellen, sei er ihnen dabei zur Hand gegangen. Als der Rest der Familie diesen monetären Transfer, der das allgemeine Erbe beträchtlich geschmälert hätte, herausbekommen haben, wäre gegen ihn Strafanzeige gestellt worden. Nicht etwa gegen seine damalige Lebensgefährtin, alleine gegen ihn. Die Schecks seien kriminaltechnisch untersucht worden und man habe seine Fingerdrücke darauf gefunden. Das könne auch gar nicht anders sein, versicherte er in dem Gespräch, da er den beiden alten Herrschaften ja beim Ausfüllen der Papiere geholfen habe. Als es zu der Gerichtsverhandlung am Amtsgericht kam, habe er auf eine Verteidigung durch einen Rechtsanwalt verzichtet. Schließlich sei er ja unschuldig gewesen. Als er jedoch den Vergleich, den die Richterin ihm vorgeschlagen habe, ausgeschlagen hat und ihr den Sachverhalt aus seiner Sicht erneut erklären wollte, habe diese ihn zum Schweigen verurteilt und eine Strafe verpasst, die, so erzählte er, ihm ein für alle Mal habe beibringen sollen, wie er sich zu verhalten habe. Aus seiner Sicht sei er ein Opfer richterlicher Willkür geworden. Auf die Frage hin, warum seine damalige Lebensgefährtin ihm nicht beigesprungen sei, verwies er auf den Druck der Familie. Sie habe ihn verlassen.

Nach reiflicher Überlegung und Rücksprache mit dem Personalchef des Unternehmens, wurde beschlossen, den jungen Mann trotz seiner Halbwahrheiten und Unaufrichtigkeit weiter zu beschäftigen. Die Heimleitung war der Meinung, dass jeder Mensch eine zweite Chance verdient habe. Über den Ärger, den sich das Management mit den Aufsichtsbehörden und Kostenträgern aufgrund des belasteten Führungszeugnisses eingehandelt hatte, wurde nicht weiter gesprochen.

Auf dem Parkplatz neben der Pflegeeinrichtung standen in einträchtigem Miteinander die Autos des jungen Mannes und des Heimleiters. Gehobene Mittelklasse, nicht ganz preiswert. Dem Heimleiter gehörte das Auto nicht persönlich, er fuhr einen Dienstwagen. Für die Anschaffung eines entsprechenden Modells fehlte ihm schlichtweg das notwendige Kleingeld. Der PKW des jungen Mannes war deutlich PS-stärker, getunt.

Knapp zwei Jahre später trat der junge Mann mit der Forderung nach hartem, arbeitsrechtlichen Vorgehen gegen zwei seiner untergebenen Mitarbeiterinnen an die Betriebsleitung heran. Was war geschehen? Eine Pflegefachkraft sowie eine Auszubildende im dritten Lehrjahr hatten ihre Aufsichtspflicht verletzt. Während ihrer Schicht war eine Bewohnerin gestürzt. Die leicht verwirrte alte Dame gab an, keine Schmerzen zu haben. Die beiden Pflegekräfte notierten nicht, wie in einer Dienstanweisung festgelegt, den Sturzvorgang in der Pflegedokumentation. Die Mitarbeiter der ablösenden Schicht fanden eine alte Dame vor, die vor Schmerzen wimmerte. Eine Untersuchung im Krankenhaus ergab Prellungen diverser Art. Der Vorgang war in der Pflegedokumentation nicht nachvollziehbar.

Der junge Mann, Vorgesetzter der beiden Pflegekräfte, die unprofessionell gehandelt hatten, forderte vehement eine Abmahnung für die beiden. In der Diskussion vertrat er die Meinung, es sei schließlich eine ethische Frage, wie die Bewohner durch das Personal versorgt werden würden. Ein so falsches Handlungsmuster, eine solch falsche moralische Einstellung, dürfe man nicht tolerieren. Außerdem sei gegen im Unternehmen geltende Regeln gleich doppelt verstoßen worden, nämlich von der Pflegefachkraft und der Auszubildenden.

Gänzlich unbegreiflich blieb ihm, dass das Management von einer Abmahnung dieser beiden Mitarbeiterinnen absehen wollte und diese nur zu einem ermahnenden mündlichen Gespräch einlud. In den folgenden Wochen konfrontierte der junge Mann seine eigenen Vorgesetzten immer wieder mit diesem seiner Meinung nach falschem Vorgehen. Unbeachtet von ihm blieb jedoch, dass er selbst seinen Leitungstätigkeiten in keiner Weise befriedigend nachkam. Dienstpläne wurden falsch und unvollständig geschrieben, Termine nicht eingehalten, Kontrollen der schriftlichen Dokumentationen durch ihn nicht vorgenommen. An Tagen, an denen er die Schichtleitung innehatte, stand die Tür zum Schwesternzimmer offen, der Medikamentenschrank ebenso; die Schlüssel zum Fach mit den Betäubungsmitteln lagen offen auf dem Tisch, für jedermann zugänglich. Mündliche Ermahnungen seitens der Pflegedienstleitung nahm er auf die leichte Schulter, Hilfe lehnte er ab, seine Fehler traten immer und immer wieder auf. Ebenso seine Vorwürfe an die Vorgesetzten, sie hätten anlässlich des Sturzes der Bewohnerin keine arbeitsrechtlichen Konsequenzen gegen die nachgeordneten Mitarbeiterinnen gezogen. Jeder könne letztendlich in diesem Unternehmen machen, was er wolle, so lautete ein um das andere Mal sein Vorwurf ans Management.

Als schließlich der Pflegedienstleiterin die Geduld ausging und sie den jungen Mann darauf verwies, dass er selbst ständig schlecht Leistungen in seiner Leitungsfunktion erbrächte und sich einmal fragen möge, wo er heute stände, wenn die beiden Mitarbeiter, die ihn eingestellt hatten, mit ihm genauso hart umgegangen wären, wie er es für seine eigene nachgeordneten Mitarbeiterinnen fordere, reagierte der junge Mann sehr heftig: Am nächsten Tag lag seine Kündigung auf dem Tisch.

Als mir der Ohrenzeuge diese wahre Begebenheit erzählte, dachte ich automatisch an das Gleichnis, das Jesus Christus seinen Jüngern erzählt hat, nämlich das des Knechtes, der seinem Herrn eine Menge Denare schuldete und dem dieser Herr die Schulden erließ, der einen anderen Mann ergriff, der ihm selbst Geld schuldete (weniger als er selbst seinem Herrn geschuldet hatte) und ihn ins Gefängnis werfen ließ, weil der nicht zahlen konnte. Du kannst diese Geschichte im Matthäus-Evangelium, im achtzehnten Kapitel nachlesen, lieber Leser.

Doppeltgemoppelt hält besser, sagt man. Das trifft manchmal zu. Doppelmoral jedoch, nämlich mit zweierlei Maß messen, zerstört jedes Vertrauen.

Der Pianist

Hell strahlen die Lichter aus der Philharmonie, tauchen die Straße in diffuses Licht, werfen Schatten gegen die teuren Wagen der oberen Gesellschaftsklasse. Das Konzert ist bis auf den letzten Platz ausverkauft. Hat sich eben noch die Menge vor den Garderoben gedrängt, so summt es jetzt dumpf durch den Saal, wo die Musiker ein letztes Mal ihre Instrumente stimmen. Ganz Berlin ist gekommen, bietet das Programm doch Rachmaninoffs „Erste" und seine „Toteninsel". Der schwarze Steinway-&-Sons-Flügel jedoch, der sich wie aus dem Nichts alleine vor dem Orchester aus dem Boden erhebt, ist für sie bestimmt: Ludwig van Beethoven und den Pianisten. Kaum einer der Melomanen erinnert sich an den Namen des Solisten. Nur eines ist in aller Munde: das 1. Konzert für Klavier und Orchester!

Umso erstaunter ist das Publikum, als nach dem Orchesterchef eine gebeugte Gestalt den Saal betritt. Der weiße Kinnbart zittert ein wenig, als sie sich an den Flügel setzt: ein Greis! Ganz vorne sitzt er, doch sieht ihn keiner! Eugen Jochum hebt den Taktstock. Hundertfache Stille... Ein Niesen. Die ersten Takte erklingen. Ludwig van Beethoven! Er aufersteht wieder! – Als schwebe sein Geist im Saal. Welche Klänge, welche Läufe, welche Harmonie! Unsterblicher! Herrlicher! Göttlich Begnadeter! – Der Saal liegt in Trance. Dem Pianisten läuft eine Träne über die linke, dem Publikum abgewandte, Wange. Nicht Rührung ist es, nicht beglückte Hingabe! Vor Schmerzen knirscht er mit den Zähnen. Der Flügel bebt und zittert unter der Kadenz. Zwei kleine Fehler bleiben unbemerkt, doch er leidet darunter noch mehr als an seinen körperlichen Schmerzen! Vierzig Jahre fehlerloser Konzerte... Sein Repertoire war riesig: Alle Klavierwerke der Welt beherrschte er. Man nannte ihn „Das Genie". Tschaikowski, Liszt, Mozart, Ravel, Brahms: Alle Noten waren in seinem Gedächtnis eingraviert, ließen die Finger sicher über die schwarzen und weißen Tasten gleiten.

Jetzt wieder: Der kleine rechte Finger rutscht über eine Taste hinweg. Wieder geht der Fehler im Crescendo des Orchesters unter.

Paris, London, New York, Buenos Aires, ja sogar Moskau und Leningrad luden ihn damals ein. Dirigenten wie Karajan, Böhm und

Ahronovitch rissen sich um ihn. Sein Name schrie von allen Säulen und Plakaten.

Der zweite Satz verklingt. Wie im Fieberwahn wischt er sich mit einem grauen Tuch über das Gesicht. Unter seinen Augen liegen tiefe Ringe. Die Lider sind geschwollen. Bitter lächelt er. Wer gäbe ihm seine achtundsechzig Jahre? Er ist ein Greis!

Ein Triller im letzten Satz macht ihm Mühe. Jochum sieht zu ihm hinüber, zieht erstaunt eine Augenbraue hoch.

„Oh Gott, hilf mir!" Das Stoßgebet des Pianisten geht im Allegro scherzando unter. Die ungestüme Vitalität der beethovenschen Komposition kostet ihn das Letzte!

Im Applaus, der wie eine Sturmbrandung aufdonnert, sitzt er da. Seine Hände zittern. Erst als ihm der erste Violinist auf die Beine hilft, begreift er: sein letzter Auftritt! Schweren Schrittes geht er aus dem Saal. Während der Flügel wie durch Geisterhand bewegt wieder im Boden versinkt und das Publikum zur Pause in die Vorräume strebt, schleppt er sich hinaus. Eine Hand mit langen, kalten Fingern legt sich ihm auf die Schulter.

Als sich Rachmaninoffs Symphonische Dichtung „Die Toteninsel" schaurig über den Saal legt, erinnert sich schon keiner mehr an den Pianisten von vorhin. Ungesehen fährt ein Krankenwagen vor. Ungesehen tragen zwei Sanitäter den regungslosen Körper aus der Philharmonie. Ein weißes Leinentuch ist über sein fahles Gesicht gedeckt.

Im Haus des Pianisten betritt die sechsjährige Enkelin das Studienzimmer ihres Großvaters. Er sitzt in einem tiefen Lehnsessel, eine Wolldecke auf den Knien. Rheumatoide Arthritis hat schon seit Jahren alle seine Gelenke befallen. Seit über zehn Jahren ist der Pianist nicht mehr aufgetreten. Seit fünf Jahren hat er seinen geliebten Flügel nicht mehr berührt. Seit zwei Jahren hat er aufgehört, mit seiner Familie zu sprechen. Ist eingetaucht in eine traumhafte Parallelwelt, die ihn tröstend durch alle großen Konzertsäle der Welt führt.

„Mama, Mama", ruft die Kleine.

Ihre Mutter eilt herbei und wirft einen Blick auf ihren Vater.

„Oh, Papa", sagt sie leise. Dann nimmt sie das Kind bei der Hand,

zieht es sanft aus dem Zimmer und schließt leise die Tür.
  Arnold Böcklins schreckliches Tor der Insel hat sich geschlossen!

Mondschein

Ich werde dieses Büchlein „Mondschein" nennen.

Etliche der darin enthaltenen Prosaskizzen habe ich nachts geschrieben, wenn ich wieder einmal an *Agrypnie* litt. Das ist ein veralteter Begriff, den wir eher als *Schlafstörung* kennen. Manche kennen dieses Phänomen auch unter der Bezeichnung *Insomnie*. Aber egal welchen Namen wir diesem Problem geben, die auftretende Beeinträchtigung des Schlafes ist auf Dauer ungesund, auch wenn man sagt, dass ein älterer Mensch nur noch sechs Stunden Schlaf benötigt. Drei Stunden sind nun einmal zu wenig, da braucht man nicht drum herum zu reden. Früher, als ich noch jünger war, habe ich mich über die eintretende Schlaflosigkeit sehr aufgeregt, mich im Bett hin und her gewälzt, sogar einmal zu Schlafmitteln gegriffen, die mich am nächsten Tag gegenüber den Kollegen und Mitarbeitern unleidlich erscheinen ließen und ich selber mir vorkam, als stände ich neben mir. Oder ich bin aufgestanden und habe über Satellit Jazz von einem französischen Radiosender aus Paris gehört, Dokumentarfilme im Fernsehen angeschaut, auf dem Sofa im Wohnzimmer und in verschiedenen Sesseln vor mich hingedöst und inständig gehofft und gebetet, diese Pein möge möglichst schnell an mir vorübergehen. Die fehlende Erholsamkeit des Schlafes hat mich zunehmend gesundheitlich beeinträchtigt, meine Leistungsfähigkeit hat abgenommen, ich fühlte mich immer ausgelaugter und gereizter. Ich habe nach den Gründen für meine Schlafstörungen gesucht und bin zu dem persönlichen Ergebnis gelangt, dass die vielen privaten und beruflichen Sorgen mir den Schlaf rauben.

Nicht, dass ich als gläubiger Christ die Worte Jesu vergessen hätte, die wir im Evangelium nach Matthäus nachlesen können: „So seid nun nicht besorgt auf den morgigen Tag, denn der morgige Tag wird für sich selber sorgen. Jeder Tag hat an seinem Übel genug." Aber im Schlaf kann man nun einmal seine Gedanken nicht unter Kontrolle halten. Ich habe manchmal den Eindruck, meine Sorgen würden nur darauf lauern, dass ich in die Tiefschlafphase eintauche, um dann mit aller Gewalt und Härte zuzuschlagen. Ich habe beschlossen, ihnen mit

Gleichgültigkeit zu begegnen, indem ich seit einigen Monaten, wenn ich mitten in der Nacht aufwache, aufstehe und mich mit sinnhaften, positiven Dingen auseinandersetze, anstatt mich grübelnd von links nach rechts zu wälzen.

Die Zeiten der Schlaflosigkeit sind unabhängig von Vollmondphasen, die viele Menschen fürchten, auch wenn ich die wechselnden Lichtgestalten des Mondes nun alle von Angesicht zu Angesicht kenne: den Vollmond, den abnehmenden Mond, den Neumond und den zunehmenden Mond. Vor einigen Jahren habe ich mit den Zwillingen von Freunden, die in Les Clées am Fuß des Juragebirges wohnen, beide übrigens ganz bezaubernde, lebhafte Jungen (*wirkliche* Jungen), die Mondphasen für eine Klassenarbeit lernen müssen. An diese Situation denke ich öfter, wenn ich nicht schlafen kann. Geholfen haben mir diese Erinnerungen bisher jedoch nicht. Nur weil ich den beiden Brüdern zu einer guten Schulnote verholfen habe, stellt sich der Schlaf bei mir noch lange nicht wieder ein. Man kann sich den Schlaf eben nicht durch gute Werke erkaufen.

Störend finde ich, dass die Probleme, die sich mir nachts präsentieren, unüberwindbar und vernichtend erscheinen, obgleich der Verstand sich sofort zu Wort meldet und zaghaft darauf hinweist, dass sich bei den ersten Sonnenstrahlen alles relativieren wird. Schließlich kann ich in diesem Zusammenhang auf einen jahrelangen, reichen Erfahrungsschatz zurückblicken und habe zu dieser Thematik in meiner Kirchengemeinde auch schon gepredigt. Aber das ist eben so eine Sache mit der Theorie und der Praxis. Geschmeidige Worte gehen einem auf der Kanzel leicht über die Lippen, wenn aber die Zeit der praktischen Bewährung ansteht, tut man sich häufig schwer.

Am schmerzhaftesten ist es, wenn ich an *sie* denke. Wenn sie, was Gott sei Dank nicht so häufig vorkommt, nachts durch meine Träume geistert, so nah und doch schrecklich unerreichbar. Sie fehlt mir ganz fürchterlich, und ich habe keinen Freund, mit dem ich darüber sprechen könnte. Keinen Freund, der mir zuhört, ohne mir zu widersprechen, ohne mir Vorwürfe zu machen. Niemand der mir still zur Seite steht, ohne einen Sack guter Ratschläge über mir auszugießen, um mich dann mit diesen alleine stehen zu lassen. Alleine mit meiner

Herzensnot.

Eben in diesen Nächten scheint häufig der Mond in mein Zimmer; er ist der einzige, der mich noch besucht. Manchmal erfüllt er den Raum, denn ich schlafe bei offenem Fenster, mit stillem, silbernen Licht. Ganz hell ist es dann, fast könnte ich in dieser Klarheit ein Buch lesen. Aber dazu bin ich zu müde. Einmal habe ich angesichts dieses ganzen Silbers an den weißen Tapeten der Wände, auf den Buchrücken der vielen Bände auf meinen Regalen, auf meinen Wollsocken an den Füßen, die unter der Bettdecke hervorgeschaut haben, an die kleine Halskette mit dem Ginkgoblatt gedacht, die ich für meine Tochter während einer Dienstreise in Thüringen/Deutschland im Hotelforum gekauft habe. Dieses Schmuckstück ist aus kaltem, echtem Silber der dortigen Region gefertigt. Schön und doch ein wenig seelenlos. Fast wie der Mondschein.

Trotzdem bin ich immer dankbar, wenn der Himmelsgevatter mir in diesen endlos erscheinenden Nachtstunden Gesellschaft leistet, und sei es nur, dass er mit langen, reinen Fingern durch den Raum huscht, meine Wangen streichelt und mein Herz frösteln lässt. Wenigstens ist dann jemand bei mir, der meine Seele argwöhnisch zu beobachten scheint.

Vor ungefähr zwei Jahren bin ich einmal aufgestanden und habe mich ans offene Fenster gestellt. Ich wollte feststellen, ob der Mond sich meinem Haus neugieriger näherte als sonst. Da habe ich einen Fuchs gesehen, der dicht unter dem Fenster an der Hauswand entlangstrich, den größten, den ich je gesehen habe, mit einem langen, dicken und buschigen Schwanz. Und manchmal maunzen streunende Katzen im Mondlicht. Das hört sich an, als wenn kleine Kinder verzweifelt nach ihren Eltern rufen. Sie alle haben nicht verstanden, dass der Mond so hell leuchten muss, weil es in diesen Stunden in meinem Herzen so finster ist. So dunkel, dass ich keine Hoffnung mehr sehe und manchmal meinen ganzen Schrecken herausschreien möchte. Aber es ist ja Nacht. Da schreit man nicht, denn alle anderen Dorfbewohner wollen ja schlafen, nicht wahr! Damit das nicht passiert, leuchtet der Mond eben so hell, doppelt so hell, denn er muss ja für mich mitleuchten.

Und dann erinnere ich mich an meinen Entschluss, allen Sorgen und Nöten den Platz zuzuweisen, der ihnen gebührt. Sie gehören nun einmal nicht in die Nachtstunden! Ich brühe mir eine Tasse Bohnenkaffee, oder zwei, setze mich an meine Schreibmaschine und erinnere mich daran, dass der Mond nicht aus eigener Kraft leuchtet, sondern den Schein vom Sonnenlicht reflektiert. Meistens wird mir dann wärmer ums Herz.

Dann begrüße ich ihn herzlich, den Mondschein, meinen einsamen Gefährten.

Beigabe

Das wandernde Licht
(eine ostpreußische Geschichte)

Der Bauer Kalludrigkeit hatte es gesehen, als er von Szimianen nach Janellen zurückfuhr. „Mit meinen eigenen Augen", sagte er, „habe ich es wahrgenommen." Von dessen Frau erfuhr es dann das ganze Dorf, dass nämlich, erzählte sie, zur mitternächtlichen Stunde ein Licht über das Moor wandere.

Der Dorfschulze, Butjereit mit Namen, beschloss daraufhin einstimmig, die Angelegenheit zu prüfen. Diese Prüfung bestand zuerst einmal darin, die Sachlage mit seiner Frau, einer geborenen Kossedei, zu besprechen. Sie riet ihm denn auch folgendes: „Geh", sagte sie, „den Spuk selbst zu sehen um Mitternacht zum Bruch. Nimm dir als Zeugen noch den Zowsk", riet sie, „den Kirchenvater mit. Denn vielleicht ist es eine Seele, die keine Ruhe finden kann."

In der gleichen Nacht zogen diese beiden denn auch noch los, um den Spuk zu sehen, der zur mitternächtlichen Stunde von dem Bauern Kalludrigkeit wahrgenommen worden. Und kaum, dass die Kirchturmuhr Mitternacht anzeigte, sahen sie das Licht übers Moor bald hierhin und bald dorthin laufen. „Immer aber", berichtete der Dorfschulze anderntags, „wenn es über den Weg kam, der von Benkheim nach Angerapp führt, hörten wir es sprechen und rufen." „Dieses", bestätigte Zowsk, „stimmt genau."

So wurde also abermals beratschlagt, und man kam überein, die Seele einzufangen und zur Ruhe zu bringen. Diese Aufgabe fiel dem Dorfschulzen, dem Butjereit, sodann dem Kirchenvater Zowsk, dem Bauern Kalludrigkeit, der den Spuk zuerst gesehen, und dessen Knecht Kobbelkitzler zu. Diesen schloss sich dann noch der Pfarrer Raudonat an, der meinte, wenn es vielleicht eine Heidenseele wäre, könne er sie mit dem Segen bannen.

Als diese nun mit Laternen und Stangen in der nächsten Nacht, einige am Kreuzweg, wo sich der Weg von Szimianen nach Janellen und der von Benkheim nach Angerapp trafen, und die anderen ein gutes Stück auf dem Wege nach Angerapp, warteten, erschien denn auch pünktlich wieder der Spuk.

Sie gingen nun unter Rufen und Laternenschwenken auf das hin- und herspringende Licht zu. Der Pfarrer, Herr Raudonat, nannte kräftig und laut seine Sprüche, bis sie in der Mitte des Weges etwa, der von Benkheim nach Angerapp führt, den Spuk gefangen hielten – und seinen Herrn.

Es war nämlich kein anderer als der Hund des Nachtbriefträgers Dangeleit mit einer kleinen Laterne am Halsband und dieser selbst, der hie und da seinem Hunde gerufen hatte.

Am folgenden Sonntag aber hielt der Pfarrer, Herr Raudonat, von der Kanzel herab eine gewaltige Rede gegen den Aberglauben, und die ganze Gemeinde lauschte andächtig seinen Worten.

Im Gedenken an meinen Vater, der diese Prosaskizze am 25. Oktober 1956 geschrieben und nie veröffentlicht hat.

Inhaltsangabe

	Seite
Das Pferd	6
Im Nebel	8
Die Beerdigung	11
Der Mensch ist verrückt geworden	13
Die Taube	15
Regenfahrt mit meinem Rad	18
Der kleine Vogel	19
Papillon de nuit	20
Dein Gesicht	21
L'artiste malade	22
Maladie et art	24
Die alte Mär vom Osterhasen	25
Das Gesicht	26
Die alte Dame	27
Pause im Büro	31
Was ist Weihnachten?	33
Tout ça, c'est la faute de mon chien…	35
Anitas letztes Fest	38
Le malade imaginaire	40
Waisenhund	44
Suicide d'un chat	46
Begegnung mit Alfred	48
Nach dem Regen	51
Vive les enfants !	53
Lettre ouverte au personnel de l'hôpital de Saint-Loup	54
Wie geht es dir?	56
Der Weggefährte	57
Der Fahrstuhlkuss	60

Der Dieb	62
Die Braut	65
Le jeudi soir étant venu…	68
Liebesbekenntnis	70
Der Priester	73
Accident mortel	76
Ein Novemberabend	77
Gefallen für das Vaterland	79
Nebel über Payerne	81
Aventures douanières	83
Eingebrochen	86
Abschied von einer verwirrten alten Frau	88
Beim Zahnarzt	92
Der Brand	95
Tod eines Großvaters	98
Weiß, fein, gerippt	101
Ein Mann muss sich beherrschen können	105
Zipperlein	107
Kaffeepause	113
Im Hallenbad	115
Der Löwe und der Tiger	117
Le coureur automobile	119
Drei Männer und drei Tassen	121
Die Unvernunft des Alters	128
Senescere	133
Die Diakonisse und der Ferrari	136
Doppelte Moral	138
Der Pianist	142
Mondschein	145
Das wandernde Licht	150

Lesen Sie auch:

Samuel E. Leresche
Seelentränen
Gedichte
140 Seiten
ISBN Print 978-3-96014-238-6
ISBN eBook 978-3-96014-258-4

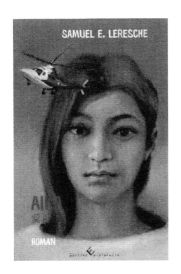

Samuel E. Leresche
Aika
Christlicher Roman
260 Seiten
ISBN Print 978-3-96014-365-9
ISBN eBook 978-3-96014-366-5

L'ami aime en tout temps,
et dans le malheur il se montre un frère.

Proverbes 17, 17